Theodor Lessing
Dämonen

Theodor Lessing

Dämonen

Impressum

Bibliografische Information der Deutschen Nationalbibliothek:
Die Deutsche Nationalbibliothek verzeichnet diese Publikation in der
Deutschen Nationalbibliografie; detaillierte bibliografische Daten
sind im Internet über http://dnb.dnb.de abrufbar.
© 2025 Detlef Weigt

Detlef Weigt (Hrsg.):
Theodor Lessing: Dämonen.

Verlag: **BoD** · Books on Demand GmbH, In de Tarpen 42,
22848 Norderstedt, bod@bod.de
Druck: Libri Plureos GmbH, Friedensallee 273, 22763 Hamburg
ISBN: **978-3-8391-7118-9**.

Originalausgabe:
Theodor Lessing: Dämonen. —
Berlin: Oesterfeld und Co. [1928].

„Also lautet ein Schicksalsspruch, von den Göttern beschworen:
Wer von dämonischem Wesen, begabt mit dauerndem Leben,
Sich, vom Hasse verführt, mit Straubes Vergehen befleckt hat,
Dreißigtausend Jahre muß fern Er den Seligen schweifen,
Um, im Laufe der Äonen, der Sterblichkeit bunte Gestalten
Anzunehmen, im Wandel, auf mühvollem Pfade des Daseins.
Denn ihn jagt der Lüfte Gewalt zu den Fluten des Meeres,
Und auf das Festland speit ihn das Meer. Ihn schleudert die Erde
Nach den Sternen des leuchtenden Himmels, und wieder die Sonne
Gibt ihm dem Wirbel der Luft. So empfängt den allen Verhassten
Eines vom Anderen. Auch ich bin jetzt so ein irrender Wandrer,
Da ich dem Hasse des Streites vertraut, verbannt von der Gottheit."

Empedokles

WIDMUNG

ἀεὶ γάρ τὸν ὅμοιον ἄγει δαίμων ὡς τὸν ὅμοιον

Steil hing in den Schroffen Burg Säben,
Hoch klebte das Kloster am Fels,
Durch Täler voll Rosen und Reben
Die Eisack schoß, jähen Gefälls.
Da saß ich und harrte auf Fernen
Und hatte doch selige Näh'
Und pflückte von Wolken und Sternen
Der Jugendlust Weh.

Es schwebt' eine dämmrige Laube
Wildhoch über Wassern im Lauf,
Da reifte glühgoldene Traube,
Da mahnte der Vogel: „Flieg' auf!"
Du Leben hold fülltest den Becher,
Ich wußt' es nicht, aber ich trank,
Ein selig-unseliger Zecher,
Ohn' Rast, ohne Dank.

Es kamen aus Wassern die Seelen,
Es kam aus dem Feuer der Geist
Und was uns die Grüfte verhehlen
Und was in den Lüften umkreist.
Aus Wolkengold warfen die Stunden
Zarte Verse mühelos zu,
Noch hielten mich Götter umwunden
Und flüsterten: „Du!"

Du Rosenblatt, Myrten und Glocken,
Meines Hauptes Kranz voller Glanz,
Du Kranz in den jungwirren Locken,
In Winden und Wettern mein Kranz,
Den aufs Haupt meine Engel drückten,
Als das Herz noch in Traumland daheim,
Wo wir Blätter und Blumen pflückten:
Gedanke und Reim.

Die Schriften, die alten hier halt' ich
Quillt hervor manch lebendig Gesicht,
Umspielend mich hundertfaltig
Wie nachts auf Wassern das Licht.
Ich grüß' euch, geliebte Gestalten,
Die mir gaben, denen ich gab,
Hält' gerne die Treue gehalten
über Streit und Grab.

Gespenstisch steigen aus Wellen Grau
Schiffe des Ehmals empor.
Wo seid ihr nun, Freunde, Gesellen,
Du Alter? Du Mädchen? Du Tor?
Wir haben einander verloren,
Wir Träume, Gesicht auf Gesicht,
Ich suche, was einst ich geboren,
Und finde nicht.

Und blieb ich denn selber der Alte?
Wie Wasser blau rann es dahin,
Weiß nicht, was ich habe und halte,
Ob Wasser, ob Flamme bin.
Meine Engel, die liebend mir nahten,
Verriet ich an Wirklichkeit,
Ferner Bilder zeitlose Saaten
Verstarrten zu Zeit.
Nun weiß ich: „Nur Leben und Wachsen

Ist Kern, ist Stern dieser Welt,
Eitel Possen sind's, eitel Faxen,
Was der Mensch dabei denkt, davon hält.
Stets wesen in Wasser die Seelen,
Stets dauert in Flamme der Geist,
Und was uns die Grüfte verhehlen
In Lüften kreist."

Was wandelt im Lichte der Sonnen
Ist Gleichnis platonischen Raums,
Was Menschenwelt gönnte: die Wonnen
Sind Abglanz von Blumen des Traums.
Nichts hoffend mehr, ohne Erwarten
Verschließe mein irdisches Haus
Und trete aus Laube und Garten
In Nacht hinaus.

Doch hellt noch, der einsame Zecher
In der dimmrigen Laube beim Wein,
Erheb' ich dir, Lehen. den Becher
Und grüße den Abendschein.
Ich weiß es nicht, hast du gelogen,
Die da sprach: „Ich bin dein, du bist mein",
Die drunten mir lockt aus den Wogen:
„Komm! Springe hinein!"

VORWORT

Die vorliegende Dichtung war durch 34 Jahre nur Angelegenheit des Verfassers.

Sie ist Auszug aus einem Bündel vergilbter Schriften aus den Jahren 1895 und 1896. Die alten Papiere tragen die Aufschrift: „Spiele und Freuden im Garten Epikurs."

In einer Weinlaube über der Eisack, beim „Faltingoier", habe ich diese Gedanken in meiner Jugend niedergeschrieben. Einen rosenroten Sommer lang, einen weingesegneten Herbst lang und noch nach Weihnachten, als die Sonne die schon tiefverschneiten Dolomiten beglänzte.

Ich erinnere mich, wie alltäglich um eine bestimmte Stunde der Blitzzug von München nach Rom an meiner seligen Laube vorüberbrauste und wie dann jedesmal ich einen Becher mit Wein hob und dem Zuge nachrief: „Grüße die Ewige Stadt und den Heiligen Vater."

Von Einfluß auf diese Blätter war der Lebenskreis, aus dem sie gewachsen sind.

Am anderen Ende des Dorfes grübelte ein verwandter und doch entgegengesetzter Geist, Omar al Raschid Bey.

Sein Lebenswerk (es ist der Nachwelt erhalten unter dem Titel: „Das Hohe Ziel der Erkenntnis") war der Gegenpol, an welchem dieses heidnisch-epikuräische Bekenntnis sich entzündete.

Omar al Baschid kleidete seine Gedanken in eine âranâda-Upanischad, welche er dem Buddha in den Mund legte.

Das Wort âranâda übersetzte er mit „Sturmesausklang". Es ließe sich auch wiedergeben mit: Auflösung, Wonne, Liebe, Unbegrenztheit, Tod, Erlösung vom Ich.

In Trotz und Jugend machte ich nun zum Helden einer kosmisch pandämonischen Gegenphilosophie den vielgeschmähten „Materialisten" Epikur.

Allabendlich tauschten wir die Gedanken auf einer Holzaltane über dem Fluß.

Es ist heute mir wohl bewußt: Die natur-unmittelbare Lebensvergötterung hat nicht gehindert, daß der Ethiker, der Logiker gerade damals in den Bann des Buddha geriet.

Der Versuch, den außermenschlichen Naturmythos mit der menschlich-buddhistischen Erkenntnis zu versöhnen, erfüllte noch manche Jahre.

Aber wie die erste Niederschrift ausklang in eine Verklärung des Nirvana, so vermag ich auch heute nicht meine Lebenslehre frei zu halten von der christlich-buddhistischen Erkenntnis des **Leidens**. Das heißt von dem **Nur-Menschlichen**: Logischen und Ethischen, Denken und Wollen, Urteil und Wert.

Omar al Raschid und seine Gefährtin Helene Böhlau waren die ersten Freunde, denen die ursprüngliche, zu breit angelegte und darum bald beiseite geschobene Gedankendichtung mitgeteilt wurde. Das adeligste der in ihr auftretenden Mädchen trug die Züge der jungen Paula, welche die schönen Tage mit uns teilte und nachmals Lebensgefährtin eines verehrten Denkers geworden ist.

Vor allen hatte teil an den fernen Tagen einer, von dem damals ich mit dem Meister unserer Jugend sagen durfte: „Wir sind zwei Flammen vom selben Herd, zwei Krater auf einem Vulkane."

In oft täglichen Briefen wurden die Rätsel der Dichtung um und um gewälzt. Meine Absicht war zuerst, ein erzählendes Bild zu malen. Da ich aber ohne Vorarbeit hellseherisch drauflos philosophierte (ich nahm während jenes Jahres kein anderes Buch in die Hand als einzig Schopenhauers Werke), so bat ich die Teilnehmenden, die Richtigkeit von Einzelzügen zu prüfen. Aber der Freund schrieb: „Deiner Dichtung wird keiner gerecht, der dabei an geschichtliche Wirklichkeit denkt. Sorge dich nicht um Geschichtliches und Zeitliches."

Ich habe denn auch in der ersten Niederschrift den Epikur zum Zeitgenossen des Plato gemacht, ja, habe die beiden Gestalten Plato und Epikur ineinanderfließen lassen: ich ließ die Sappho Oden vortragen im Garten Epikurs; kurz, sprang so ungeheuerlich um mit Geschichtsüberlieferung, daß heute, manche Verwegenheit mißbilligend, ich vor den alten Aufzeichnungen sitze als ein Fremder, der den Nachlaß eines Verstorbenen ordnend, einige inzwischen reif gewordene wohlbewährte Gedanken ausbaut für ein ganz anderes Geschlecht.

Der beziehungsreiche Kreis teilnehmender Leser, denen seither manche meiner Arbeiten zu Erlebnissen geworden sind (auch dann, wenn Mißwille, Stolz, Trägheit verbot, das zu danken), wird nicht verkennen, daß „Meine Tiere", „Blumen" und „Dämonen" zusammengehören: drei Blüten am Stamm selben Lebens.

I.

MORGEN AM WASSER

Zwei Wege gibt', Natur den Schleier abzuheben
Des Leben zum Nichts, des Todes Weg ins Leben.

Schon kam die Sonne über den Honigberg. Die weiße Stadt liegt schon im Glanze. Ober dem Hügel, am Bache, leuchtet das Gartengelände.

Unter den Ölbäumen dort schimmert einsam das Haus des Philosophen. Im Säulenvorbau des Hauses blitzte ein Pförtchen auf. Aus der Pforte hervor tritt ein Mann, auf der Höhe des Lebens.

Er blickt hinaus in den jungen Tag.

Auf den Gräsern, durchwirkt mit wilden Hyazinthen, glitzert noch Tau der Nacht. Der Pfad weist schlängelnd über die Wiese, hinab zu den Zypressen. Bei den Zypressen beginnen wein- und rosenüberwucherte Steigen.

Die Steigen führen hügelab'. Fernher dämmert das Meer ...

„Gegrüßt am neuen Morgen, Gefährten! Erhebt euch! Damit wir im Meere baden!" –

Auf des Meisters Ruf treten sechs Schüler in den beginnlich leuchtenden Hain.

Drei Jünglingknaben: Eusebios, Klearchos, Trasyllos. Ihnen folgen in Anmut drei Mädchen: Aspasia, Diotima und Lais.

Der Meister schreitet über zerbröckelnde Stufen. In ihren Spalten huschen grüne Eidechsen. Die Knaben und Mädchen folgen. Das Hündchen umspringt sie.

Scherzend schlendern sie über die Wiese zu den Zypressen. Bei den Zypressen steigen sie die Terrasse hinab.

Nun stehn sie am Meeresstrand.

Während die Kinder die Gewande abstreifen und zum Frühbad in das heilige Wasser tauchen, lagert Epikur unter einem vorspringenden Felsen. Der Fels hat die Gestalt eines Riesen. Das Volk nennt ihn „den Chiron". Von hier kann das Auge hinausschauen über die rollenden Wogen.

Trasyllos bleibt beim Lehrer. Er ist der jüngste, ein wenig kränklich. Während Epikurs Rechte streicht über die schwarzen Locken des Knaben, schöpft er mit der Linken eine Handvoll Wasserschaums.

Er läßt die Perlen vereinzelt abtropfen durch die Linien seiner geschlossenen Hand. Dem Falle der Tropfen nachblickend, spricht seine dunkle Seele zu sich selber.

VOM WERDEN DER WELT

„Öde waren die Wasser, ehe der Weckende kam. Nichts als Weite ohne Bewegung! Blinde Seele ohne Licht! Dunkle Wüste ohne Bewußtheit! Ungeformtes All-Einerlei!

Endlich aber kam: der Erwecker. Das Heiße durchwogte die Feuchte. Und im schwärenden Punkte, wo Vater und Mutter kreuzten, schlug sich auf das Wunder: **Die Gestalt**.

Der Erscheinungen Mutter entstieg der schwarzen Flut. Ihr Leib war Welle, Welle ihr Haar.

So taucht am Morgen ein Traum aus unbewußten Tiefen.

In Äonen bildete sich aus befruchteter Erde (Flamme in Wasser!): die Gestaltenbilderschau, die wunderbare Welt.

Lange Jahrtausende drängten Pflanzen hervor aus dem Schlamm. Lange Jahrtausende verschlangen einander Tiere, hervorsteigend aus feuchtem Lehm.

Und es entstand, von der Not getrieben, wie es konnte und gelang: Das millionenfältige Schaugebild bewegter Flut.

Endlich auch erschienen Wir: des Meeres jüngste Kinder. Menschen!

So nennen wir denn die von uns gemessene Welt mit dem Worte: **Seele**. Seele, das ist: kleiner See.

Denn Wasser **ist** Seele. Wo nicht Wasser strömt, herrscht Wüste. Und wie die See, so ist die Seele: Erregung und Stille, Ruhe im steten Strömen. Strudel, Spiegel, Spiel.

Denn alle Gestalten sind verfestigtes Wasser: Wolke, Regen, Hagel, Schnee, Eis und Kristall. Und alle Leiber werden genährt vom Wasser. Und alle müssen in Wasser verrinnen.

Auch eure schönen Bilder, ihr Geliebten, sind für ‚Augen-Blick' geronnenes Wasser.

Mutter der Gestalt! Trage ein Weilchen den kleinen Nachen, darauf wir, beherrscht von dir, dich beherrschen. Bis du uns auf trinkst: Schaum in Schaum."

• •
•

Indes des Weisen dunkle Seele so zu sich selber sprach, hatten Jünglinge und Mädchen einander bei den Händen ergriffen. Von Wellen gehoben und auf den Wellen reitend, riefen sie: „Wir sind Tritonen!" „Wir sind Doriden!"

Lais aber, die jüngste, bekränzte sich mit Schilf und rief lachend zum Philosophen:

„Ein Büschel Tang, von Welle zu Welle getragen, so gleitet der Geist, du Grübelnder, durch der Menschen Geschlechter. Ergriffen und begreifend. Die Welle wechselt. Aber es ist immer der gleiche blühende Tang. Nichts gehört dir! Komm, sei fröhlich!"

Epikur gab lachend zurück: „Wollt ihr nicht lieber zum Frühstück schreiten, Kinder? Hier liegen Trauben und Pfirsich, sauber auf Weinblatt gebreitet. Hier Ziegenkäse und Feigen bereit. Hier wartet in Krügen die schäumende Milch. Reine Nahrung aus Erde und Luft.

Sie möchte Leib werden in euch. Gedanke in Trasyllos. Stolz und Mut in Eusebios. Und im Klearchos ein rührendes Lied. Anmut in Aspasia. Besonnenheit in dir, Diotima. Und Übermut in dir, spottende Lais."

Alsbald wateten die Knaben im losen Sand, dem Gestade entlang. Sie spähten nach Muscheln und Seetieren. Denn die Flut pflegt allnächtlich zurückzulassen mancherlei Gebild aus der Tiefe.

Trasyllos kam gelaufen und hielt in der Rechten eine graue Schale. –

„Nimm die Schale an dein Ohr, Trasyllos, und sage, was hörst du?"

„Ich höre einen tiefen summenden, einen klagenden Ton. Ganz ferne!"

„Das ist die Stimme der Mutter, und ihr versteht, was sie raunt.

Auch **wir** sind Muscheln, vom großen Meer an den Strand gespült, bis zur nächsten Flut. Aber in unser Gehäuse drang das Tröpfchen Licht:

,Des Menschen Leben ist des Schattens Traum,
Doch drang hinein der gottgenährte Strahl,
Wird Glanz von oben und die Stunde süß.'

Nun aber will ich der Muschel die Schale brechen. Ich töte das Geschöpf und vergieße Blut. Denn lernen können wir nur vom Tode und seinem Schmerz."

So sprechend zwängte Epikur seinen Daumen zwischen die leise zitternden Flügel der Schale.

Ein schwerer dunkler Blutstropfen quoll heraus.

Das Geschöpf bemühte sich im Krampf, seinen Verschluß zu sperren. Aber als er die zwei Schalen auseinanderriß, zeigte sich im Innern ein silbriger Glanz.

„Nun sage, was siehst du?" wandte sich Epikur an Klearchos.

„Ein Stückchen lebenden Schleims."

Aspasia: „Da ist ja ein Kügelchen! Ein Tropfenei, vom Meer gesendet!"

„Die Perle ist es!"

„Sie sieht wie eine Träne aus", erwiderte Eusebios und fügte hinzu: „Das Volk auf den Inseln sagt: ,Perlen sind Tränen.'"

„So **ist** es! Wie die Perle wächst im Muschelschoß, so wächst Geist im Nächtigen der Seele. Und so wachsen Werke des Geistes in des Lebens dunkler Flut. Denn merkt: Das Werk der Welt wird aus Wunden gebaut.

Nur wenn ein Feindliches, sei es ein Leben bedrohender Gegner, sei es Widerstand wie Sand oder Stein, in die Muschel eindrang – so wird das Geschöpf die Perle bilden.

Auch der Logos dringt aus den Seelen heilend, wie das edle Harz heilend blutet aus verletztem Stamm. So tritt das Wort, das Lied aus stummen Abgrund. So wächst der Gedanke im Haupte der Philosophen.

Und dies sei meine Antwort für dich, mutige Lais."

„Evoë!" jauchzten die Knaben.

Schon war Lais neu hinabgeglitten in die Welle und rief: „Komm, Epikur, hasche die **Perle!**"

$$\bullet \quad \bullet$$
$$\bullet$$

Klearchos, der Jüngling, abseits lehnend am Fels, griff in die Lyra. Von Takt zu Takt dunkle Akkorde lockend, sang seine schwere Seele zu dem lieblichen Spiele der Flut.

(Ferne aber zogen Segel vorüber.)

„Von deiner Sonne beschienen, enttauchen
aus Wellen die Städte.
Elfenbeinleuchtend: die Leiber der schwimmenden Knaben
und Mädchen.
Schwarze Zypressen in silberner Flut,
Granaten wie Blut rot,
Schwebende Schatten der Möwen, gedankengleich schwebend,
Über den Wassern ... den Wassern.

Fährmann, ich rufe dir! Charon, was kommst du nicht?
Trage die Kugel,
Die Kugel, aus Wasser geballt in den Händen,
und singe:
,Stille! Es gleiten in Dunkel, es gleiten,
Ruderlos gleiten, aus Nägeln der Toten, Schiffe
dahin ...'."

„Schweige!" rief Epikur unwillig.

„Immer wieder sinken Gestalten steuerlos zurück ins alltragende Schicksal. Immer wieder aber, wache Insel aus wasserüberspültem Bergland, taucht aus der Flut hervor: Unser **Atoll:** der wachende **Tag!**"

„Künde vom Unermeßlichen!" bat Klearches.

Epikur: „Jetzt ist Wirkens Zeit! Am wachen Tage müssen wir

21

uns bewähren! Freut euch der kurzen Wachzeit im Sonnenglanz!

Schleudert den Speer zum Ziel! Meßt euch im Hochsprung, im Weitsprung: übt euch stündlich im Fünfkampf! Wir haben nichts als unsern Leib.

Jetzt weht noch Kühle vom Meer. Noch lähmt nicht der Gott unser Blut mit der lotrecht sengenden Fackel.

Wer alle Gegner niederwarf, der Sieger über sich und die andern, der komme! **Dem** will ich künden, was wißbar ist vom Unwißbaren.

Da liefen die Jünglinge entlang dem Sande, die Speere holen.

Sie trugen die blanken Scheiben des Diskos und Salbgefäße.

Die Mädchen ordneten indes die Gewänder und faßten einander an den Händen. Und, vergleichbar den drei Schicksalschwestern oder den Grazien, tanzten sie unter den Platanen am Meer.

Gleichmäßig taktete die See den schläfernden Ruderschlag des Charon.

In heiteren Reigen zu lieblichem Spiel
Wir schaukelnde Wogen, wir wogender Tanz
Webt Heben und Schweben, beruhigter Kampf,
Das sichtbare Bildwerk des Lebens.

Wir winden die Kränze, wir lösen die Form,
Wir schaukelnde Wogen, wir wogender Tanz,
Wir tanzende Mädchen, vom Gotte durchwärmt,
Sind Blutes lebendige Blüten.

Lebendige Blüten, vom Leben geträumt,
Kurz tragen die Wellen den tröstlichen Traum,
Noch leuchtet die Sonne, noch wirken wir wach
Des Meeres lebendige Blüten.

Inzwischen hatten die Jünglinge ihre Kampfspiele geendet.

Klearchos aber war der Sieger geworden in Laufen, Ringen und Weitwurf.

Stolz bescheiden trat er vor Epikur und sprach:

„Ich danke der Moira einen Sieg. Wirst du nun antworten auf die Frage nach dem Unermeßlichen?"

Epikur sprach: „Setzt euch um mich."

Da wickelten sie sich in Himatien und Peplen und lagerten im Sande.

Während die Mädchen begannen, Kränze zu winden (einen Kranz aus Lorbeer und weißen Rosen und einen andern Kranz aus Weinlaub und roten Rosen), begann Epikur den Unterricht dieses Morgens.

(Margo, das Hündchen, lag wachsam daneben und spitzte seine Ohren.)

THALES UND DAS MEER

„Es war einmal eine Seestadt! Ragte hoch empor an der Küste Ioniens. Man nannte sie: die hunderttorige.

Unter einer Million handelsbeflissener seefahrend tüchtiger Leute wachte daselbst ein kleiner Geheimbund.

Diese aber nannten sich: Die Immersegelnden. Denn ihr großes Geheimnis war: das Meer.

Und sie nannten das Meer: Apeiron. Das Unermeßliche.

In des Menschen Seele, Freunde, singen zwei Vögel. Ein Nesthocker und ein Nestflüchter.

Das eine ist der Wandervogel. Ihn reißt es hinaus zur Ferne. In die fremdesten Länder, zum Ungeschauten, Unerhörten, Unerschaulichen, Schauerlichen.

Der andere Vogel aber will zeugen, nisten, brüten. Und darum liebt er, sich enge zu umzirken, weil er Heimeligkeit braucht und streng behütete Stille.

So nun lehren die ‚Immersegelnden': ‚Fürchtet, Knaben, den

purpurdunklen Meeresschoß, der unser Ich verschlingt, das kleine Floß, darauf wir wachen.

Fürchtet, Mädchen, die Dämonen: Sie wollen uns vom Geiste erlösen, uns, die zum Geiste Erlösten.

Verloren ist, wer das Maß verlor!

Darum verpönen wir, Söhne des Prometheus, alle bacchische Lust, weil sie hinreißt, lockert, auflöst, zerreißt.

Darum lassen wir, angeschmiedet an Felsen, uns lieber vom Geier des Schmerzes nagen, als daß wir folgen den Sirenen.' "

Klearchos: „Ist es nicht **Eros**, der die Form zerstört, sei es, daß er zersprengt, sei es, daß er zerschmelzt?"

Epikur: „Der uns segnende Gott ist: **Eris**.

Er ist der einbindend welterhaltende Geist, Vater aller Dinge."

Klearchos: „Stirbt denn an **Liebe** die Welt?"

Epikur: „Fest gegründet ruht sie auf Widerstand."

Klearchos: „So preisest du den **Haß**?"

Epikur: „Aus Hasse: das Kosmos."

Eusebios: „So wäre auch Gerechtigkeit nur ein Hassen?"

Epikur: „Aller Wert: aus Streit."

Alsbald fuhr der Meister fort in seinem Vortrag:

„Dio-nysos, Gott-sohn führt den Geheimnamen Lyaios, Erlöser, weil er Form und Name zerstört. Denn wie Wärme die Formen zerlöst in das mütterliche Element, Kälte dagegen sie steinern **gegen**einander vereinzelt, so bedarf der Kosmos des kalten und bösen Gottes, des wählenden, ausschließenden, der uns zeugte, uns erhält. Denn am Widerstand entzündet sich das Element, wie Wellenschaum an diesem Felsen."

Diotima: „Ist es aber unser Ziel, das Böse zu überwinden, ist **dann** nicht auch unser Ziel, die ‚Welt zu überwinden'? Uns selbst dahinzugeben?"

Epikur: „Wir bedürfen der Dämme! Lebendiges, ohne Form, unermeßlich, fließt über; Gestalt in Gestalt, Traum in Traum."

Klearchos: „So wäre es nur kaltes Licht, welches Form hebt **gegen** Form?"

Eusebios: „Ist die Welt: ein erstarrtes Bild? Wie Schmerz die Seele verstarrt zu Bildsäule ihrer selbst?"

Epikur: „Auf diesem Felsen, der eines erstarrten **Menschen** Gestalt hat, wollen wir lernen: Das stolze Wissen um Menschenleid."

•

Hier schwieg Epikur. Sein graues Auge blickte fremd über die Wasser. Klearchos aber, den dunklen Faden der Worte aufgreifend, fragte bescheiden:

„Sprach nicht Epikur: ‚Was **wollen** die Wasser? Lust! Was **will** die Flamme? Lust! Was **will** die Erde? Lust!' "

Epikur: „Wohl! Man nennt mich ‚Meister der Lust'. Der aber die Lust lehrte: Hegesias, der ‚zum Tode überredende', heißt der Nachwelt: ‚Zerstörer der **Gestalt**!' Denn Gestalt ist gestautes Leben. Stauung aber Grenze. Und jede Grenze: Schmerz."

Klearchos: „Lehrest du nicht Seligkeit des Lebens?"

Epikur: „Ich lehre: Die **Unterschiede**! Und wüßte nicht, wodurch man anders Lebendiges unterscheiden könnte als einzig nach der Art, worin ein jedes **seine** Lust sucht."

Diotima: „Kann Seele Lust anders empfinden, denn einzig als Unterschied gegen früheren Zustand?"

Epikur: „Du siehst: Lust nicht ohne Schmerz."

Klearchos: „Sinnlos scheint mir ‚ewige Ruhe' **jenseit** von Lust und Schmerz."

Eusebios: „So gewönne das Leben Sinn nur aus seiner **Not**? Nur aus Beziehung zu Notwendigkeit?"

Epikur: „Du sagst es. Aus dem Zwange, Not zu **wenden**."

Aspasia: „So scheint denn unser Leben unterhalten zu werden durch Not, deren Abstellen Sinn des Lebens ist."

Epikur: „Der oberste Satz alles Wissens ist: ‚Mindere die Not'."

Aspasia: „Und doch ist Aufheben der Not und mithin Voll-Endung – Rückkehr ins Gestalt- und Grenzenlose?"

Epikur:
„Es muß die Menschheit ringen nach dem Ziele,
Bei welchem angelangt die Welt zerfiele.“

Lange schwiegen die Gefährten und dachten nach: dem Sinne des dunklen Reims.

Endlich flüsterte Klearchos ungewiß: „So wäre unser Eintritt in den Tag: Eintritt in die Morgenzeit der Ebbe.“

Epikur: „Das Meer hat Gezeiten nach Sternengebot. Wenn der Gott im Mittage steht, so kehrt das Chaos zurück.“

Eusebios:
„Taucht der Gott aus der See,
Wollen die Wasser zur Höh’.“

Epikur: „Ihr Freunde, schmäht nicht die Zeit der Entbehrung! Verachtet nicht Vernüchterung. Nicht die sandreiche Ebbe!

Heilig die Ebbe!
Heilig der Morgen!
Heilig die Nüchternheit!

Im Garten Epikurs beginnen wir den Tag mit einem Trunke klaren Wassers und mit dem Lobe der Nüchternheit. ... “

Die Mädchen lächelten. Aspasia, eine rote Rose küssend, äußerte schnippisch: „Immer schmäht Epikur die Zauber der lebenspendenden Aphrodite.“

Diotima ergriff lachend das Plektron und summte leise ein Lied der Sappho:

„Taumle hinab. Es haben die tückischen Wogen
Maßlose mich in Durstes Strudel gerissen,
Weingleich gärt nun das Blut, und wie kochende Laven
Wirbelt das Herz mir.
Bebendes Schilf am nächtigen Rand des Gefälles,
Wehe im Sturm und opfre die Locke Ananken,

Wehe! Schon greifen mich suchend saugende Lippen
Unwiderstehlich.

Tief gesunken, Schlammnacht im Banne der Schlammnacht,
Werde gesellt den Schatten am Quelle der Welten.
Schlucke mich, Nacht! Wird je das Auge des Retters
Finden mein Saatkorn?"

———————

Indessen unter dem hängenden Felsen sie philosophierten,
schritt einsam ein Wanderer am Meeresstrande dahin vor dem salzi-
gen Seewind.

„Seht," rief Eusebios, dessen blankklare Augen den Wandernden
erspäht hatten, „dort kommt Alkmäon."

Die Knaben sprangen auf und liefen dem Kömmling entgegen.
Denn Alkmäon, der Arzt, kam oft am Morgen und beteiligte sich gern
an ihren Turnspielen oder an Gesprächen.

Epikur rief schon von ferne: „Freue dich!"

„Freue dich!" erwiderte der andere.

„Wir weihten den jungen Morgen dem **Wasser**", sprach Epikur.
„Willst du künden vom Heile der lebensegnenden Quellen?"

Alkmäon, der Alte, strich sich durch den ergrauenden Bart. Er
lächelte behaglich.

„Ich bin ein Arzt und kann euch nicht wie die Dichter führen in
Tiefen der Wesenheit. Aber von den Wohltaten fröhlicher Nymphen
weiß ich mancherlei. Von den Wassern, den steinebildenden, steine-
zernagenden. Sie erneuern das Blut und bauen den Leib. Und wenn
ihr hören möget, so will gern ich erzählen von den Heilkräften der
Wasser."

Da schlossen sie um den Alten den Ring, und dieser begann:

VOM HEILE DER WASSER

„Wie die Adern durchlaufen den Leib der Pflanzen und den Leib der Tiere, so durchlaufen die Gewässer den Leib der Mutter Erde und führen ihr das **Blut** zu, den Sitz der Seele.

Alles Blut nämlich ist rhythmisch pulsendes, kreisendes Element. Bei den Kaltblütern ist das Blut nichts als Wasser. Bei den Warmblütigen aber, den heißblütigen Geschöpfen, kommt ein anderer Dämon obsiegend über das Wasser: die Flamme.

Diese, den Leib mit Wärme heizend, färbt das Blut rot und so flammend, wie die Sonne ist.

So sind denn im Blute Wasser und Feuer aneinandergekoppelt, wie im Wesen der Menschen: Seele gebunden an Geist.

Es ist nun aber so geordnet, daß das Blut sich regt in Kreisläufen und in einem steten Auf und Ab von Welle und Tal.

So auch steht es um die Gewässer, die vom Lichte gehoben, zum Uranos sich verflüchtend, als Wolken über die Erde dahinziehn und dann wieder angesogen von Mutter Gäa, herabsinken als befruchtender Regen, der sich zur Scholle senkt wie Zeus zum Schoße der Danae.

Die Gezeiten der Fluten aber, von den Sternen verfügt, folgen in Systole und Diastole der **großen** Welle. Sie entschlafen, erwachen. Versinken in Tod, erregen sich neu. Ihnen folgt alle Gestalt.

Ihnen folgt unser Herz und unser Hirn, der Pulsschlag des Bewusstseins, der Pulsschlag des Gefühls. Ihnen folgt der Rhythmus von Geburt und Tod, das Gesetz des weiblichen Schoßes wie der männlichen Kraft. Und so ist es nicht wunderlich, daß alles, was sich dem Wasser fügt, sich ründet zu Kreisform und Kugel. Der Regen und das Meer. Das quike Silber und die Quelle. Die Blattknospe, wenn sie aufbricht, und der Eiszapfen, wenn er taut. Denn Alles, was schwillt und quellt, kommt aus Kugel und Kreis. Es muß sich entfalten und weit ausbreiten in Raum. Aber es kehrt alternd zurück in die Urform: den kosmischen Ring."

Indem der Alte so redete, ergriff er einige von den bunten Kieseln, die im Meeressande glitzerten, und schleuderte sie weit hinaus über die plane Fläche des Wassers, so daß sie oftmals emporhüpfend über den Spiegel tanzten gleich Teufelchen.

Dies war ein Spiel, in dem sie sich oft am Meeresstrande übten.

So griffen denn auch die Knaben und bald auch Epikur und die Mädchen nach den runden Kieseln, und alle wetteiferten, sie über die glatte Fläche zu schleudern, so daß sie viele Punkte berührten und möglichst viele Kreise aufregten, welche sich dann schnitten oder störten.

Das Meer aber lag zu dieser Stunde ruhig wie ein beruhigtes Gemüt, ausgewogen und klar.

Die Kreise verzitterten langsam auf der weiten Ebene, bald einander treibend, bald auch überkreuzend.

Alkmäon sprach zwischenhinein:

„Als noch der große Perikles an diesem Gestade schritt, hat er oft mit farbigen Kieseln gespielt; so spielen die Götter mit Welten.

Und ich hörte als Knabe ihn sprechen: ‚Wir leben an der Oberfläche über dem Abgrund. Wir bilden Kreise, vom Widerstand erregte. Ringe müssen sich fördern oder befeinden. Um so bedeutungsvoller wirst du, an je mehr Ringen du Anteil nimmst. Die großen Steine erregen große Wirbel. Aber auch die verworrensten Ringe lösen sich bald in die Stille ewigen Elements.‘ “

Epikur nickte Beifall zu diesen Worten. Er blickte schwermütig auf die einander umspielenden Ringe, die sein Steinwurf auslöste.

„Verstündet ihr das Bild dieser Ringe, dann hättet ihr das Letzte und Erste.“

„Wie das?“ riefen die Schüler.

Da sprach der Weise: „Dies ist das Bild der **Wahrheit**‚„

Alkmäon aber, der den Sinn ahnte, warf die Frage dazwischen:

„Und das Wesen des **Irrtums**?“

Epikur sprach: „Soll ich in Gleichnis fassen alle Irrtümer des Menschengeschlechts, alle Täuschungen der Forscher, den Wahn der Logiker, nun, so will ich das Gleichnis hier in den Sand des Ufers zeichnen. Sehet her!“

Indem er dieses sprach, ritzte er mit dem Finger in den Sand zwei gegeneinander gekehrte Pfeile.

Dann sagte er: „Dieses wäre, was die Sophisten ‚Philosophie' nennen."

Die Schüler blickten verwundert. Epikur aber fuhr fort:

„Was ist das Verstehen des Menschen anders als Ver-Stellen? Das immer klare Leben wird von uns ver-stellt. Warum: ver-stellt? Um es zu übermächtigen! Wir wollen **nicht** erkennen. Wir wollen immer nur machen und tun. Wir wollen **Macht** über alle Erden."

Alkmäon: „Was denn ist **Erkennen**?"

Epikur: „Erkennen kannst du nur, Alkmäon, was du **bist**! Verstehen aber wirst du es, wenn du es **machen** kannst."

Alkmäon: „So wollen wir den Rang der Weisen fürder nicht bemessen nach Dem, was sie zu fragen haben, sondern nach Dem, was **nicht** fraglich, also selbstverständlich ist."

Epikur: „Der Weise sieht die Menschen streiten über Dinge, die ihn nicht beunruhigen. Weil er das Schiefe, Verlogene, Irrtümliche aller Fragestellungen ahnt. Das Leben ist fraglos. Und wir sind lebendig. Der Schauende **ist**! Warum fürchtest du dich, da du selber all Das bist, was du fürchtest?"

Darauf schwieg Epikur.

Es verging lange Zeit, während deren man nur hörte, wie die Steine auf das Wasser klatschten.

Endlich fuhr er fort:

„Wie ich den Kiesel nicht ergreifen kann mit diesem einen Finger, sondern, um zu ergreifen, deren zweie nötig habe, so kann ich nichts begreifen mit **einem** Begriff. Immer bedarf ich deren zwei!

So sind denn Begreifende Sklaven der Zahl **Zwei**. Und wissen es nicht. Begreifende, Befingernde, Betastende sind sie nicht: Lüsterne, Geltunggierige, Unkeusche?

Geht aus dem Wege denen, die in Gegensätzen denken, gleich zwei gegeneinander gerichteten Pfeilen.

Wer von außen tastet, dem spaltet sich Alles in Polarität. Ein Richtigsteller findet überall Widerspruch. Und weil er nicht Einheit **erlebt**, sondern immer dasteht als der Wollend-Gespannte vor einem **Zielpunkt** (hie Ich – hie Du; hie Subjekt – hie Objekt; hie Außen – hie Innen) – nun! so schilt er alles Leben ‚Widerspruch'. Und: ‚nicht begreifbar'. Wie aber kann es Widerspruch geben, wenn doch Lebendiges erscheint ineinander umspielenden Ringen?"

•

Indem er dies sagte, malte Epikur neben die zwei gegeneinander gerichteten Pfeile ein anderes Bild: Kreise, die einander umspielten.

Dann sprach er: „Jeder dieser Kreise ist eine ‚Bewußtseinswelt' mit ihren Inhalten und Gegenständen. "

Alkmäon: „Doch sage, Epikur, könnte nicht, was in diesem engeren Kreise wirklich ist, sich hier in diesem weiteren Kreise auflösen zu einem **Nichts**?"

Klearchos: „Und so wie dieser kleine Kreis hier nur ein kleines Eckchen faßt von diesem größeren Kreise, so mag die ‚Wirklichkeit' der Libelle dort einen Ausschnitt fassen von jener ‚Wirklichkeit', die wir Menschen ‚die wahre' nennen.

Alkmäon: „Und somit wäre das Sinn- und Merkreich des Fisches im Wasser oder der Schwalbe überm Wasser genau so unwiderleglich wie unsere Gesichtswelt?"

Epikur: „Wohl, die Wirklichkeit ist vielfach! Nie aber die **Wahrheit**. Denn was der logische Geist als gültig auffindet, das ist unbedingt bündig, schlechthin."

Alkmäon: „Gültig schlechthin?"

Epikur: „Ja! Für den logischen Geist."

Alkmäon: „Aber das Tier vernünftelt noch nicht, und der Gott nicht mehr."

Epikur: „Es ist ein Unterschied, ob ich innerhalb eines dieser Ringe **bin** oder ob ich von außen, sie **alle** überblickend, Ring aufhebe in Ring, System auflöse in **weiteres** System."

Nach einer Weile, während deren sie, des Spieles müde, still über die Wellen schauten, begann Alkmäon den Päan:

PREISLIED AUF DIE GEWÄSSER

„Wir sind verschworen ewigem Kreislauf! Erdenwasser geht zum Himmel. Himmelswasser geht zur Erde. Es ist der alte Okeanos, über uns, unter uns.

Ja! Im ewigen Kreislauf trinken Gewässer alle Stoffe der Welt. Durch jede Gestalt gehn sie, bauend oder reinigend.

Gewässer **tränken**! Alle Gestalten schöpfen aus dem Wasser das Leben. Nichts je enthielt ein Leib, was nicht innewohnte dem Meer.

Gewässer **reinigen**! Sie nehmen in sich jede Schlacke, jeden Tod. Abgestoßenes, Ausgeschiedenes wandeln sie in die alte Welle.

So auch steht der Mensch zum All-Einen. Er wird genährt, er wird erneut.

Kümmre dich nicht, ob krank, ob gesund, trauere nicht, ob gut oder böse. Das Meer nimmt Alles auf!

Schmutz und Schlacken überall. Jedes Sondersein ein Unrecht.

Schon daß wir geboren sind, eine Schuld.

Traue dem Leben. Es ist Kraft der Bereinigung!

Überall: Krieg, Mord, Gewalt. Auch in unsern Seelen, die wir doch die Reinheit der Lebenswelle höher schätzen als alle Tugend der Welt, Adel des Blutes höher als jede Leistung.

Auch in **deiner** Seele, schuldloses Kind, fehlt nicht das schlimmste Eckchen. Wir bergen viele Aschen.

Traue dem Leben! Beruhige dich! Die große Woge nimmt auf: all das Gräßliche, alle **Weltgeschichte.**“

•

Während Alkmäons Loblied erwachte einer im morgendlichen Symposion, der bis dahin sich stumm verhalten hatte, Margo, das Hündchen.

Er begann durch Kläffen zu offenbaren: „Ich rieche, was ihr **nicht** riecht. Ich höre, was ihr **nicht** hört. Was nützt also all eure Philosophie?“

Die Mädchen, welche das Hündchen sogleich verstanden, riefen:

„Jetzt kommt Epicharm! Er will nach seinem Herrn sehn. Gewiß, er hat gute Heilkräuter gesammelt."

Das seidenfellige Hündchen war schon hügelan gesprungen. Es kehrte freudebellend zurück mit einem starken indischen Manne, braun, mit lachenden Zähnen. Das war der Diener des jungen Klearchos, genannt Epicharm.

Er trug in den Armen einen Krug frischen Wassers, einen Dreifuß und einen Kessel. Er kauerte nieder vor seinem jungen Herrn, der ihn freudig grüßte.

Alsbald warf der Hindu seltsam duftende Kräuter in den Kessel, goß Süßwasser darauf und scheitete Holz unter den Dreifuß. Sodann schlug er aus einem Feuersteine die Flamme.

Und während du Wasser zu kochen begann, murmelte er Beschwörungsformeln zu den Unterirdischen.

Der Arzt, welcher lobend das Gebaren des Hindusklaven betrachtete und die gesammelten Kräuter prüfte, sagte währenddes zu Epikur:

„Wer doch dies Geheimnis erfaßte: Das kochende Wasser und das brodelnde Feuer! Ist es nicht klar, daß das Wasser im Kessel vor dem Feuer davonlaufen möchte?"

Epikur: „Ja, es ist klar, daß das Feuer hier unter dem Kessel das Wasser packt und zeugend **zwingt**, sich in ein Geistigeres zu flüchten. Zuerst in Dampf und dann gar in Äther."

Alkmäon: „Verleibt sich nicht also vor unsern Augen der alte Krieg des weiblichen Pols übermächtigt vom Männlichen?"

Epikur: „Leben kommt dort zur Erscheinung, wo Wasser **erstarrt**. Im Feuer dagegen wird Gestaltgewordenes aufgelöst. Gestaltetes verflüchtet im Feuer in die **andere** Welt."

Alkmäon: „Das ist ja fast, wie wenn man eine Raupe einsperrt in ein zu enges Gefäß und sie darin langsam hungern läßt. Sie rettet ihr Leben, indem sie Flügel ansetzt und sich wandelt in ein Luftgeschöpf, welches fliegen und in einer geistigeren Welt dem Stoffe entfliehen kann."

Epikur: „Vielleicht aber ersehnen die beiden einander und ergänzen sich wie Platos getrennte Halbkugeln, die einander suchen und selig sind, wenn am Ende aller Tage sie sich findend vollenden."

Alkmäon: „Und so wird das Ende der Welt sein: Hochzeit von Wasser und Flamme."

Epikur: „Die Wasser stehen auf aus der Tiefe, und die Feuer fallen aus den Höhen. Und die Wasser werden die Feuer löschen. Und die Feuer werden die Wasser verzehren." –

Der Hindu, welcher während seiner Arbeiten auf den Dialog der beiden lauschte, sagte fromm:

„Nirvana."

Als der heilende Trank gebraut war, sprach Epikur:

„Dies ist die Sternenstunde, um vom wunderbaren Epheser zu künden, dem weinenden. Beim Gesang des kochenden Wassers, der summenden Flamme und der brandenden See.

Alsbald verstummten die Gespräche, und sie scharten sich um den Meister. Der Inder kauerte neben seinem jungen Herrn und das weiße Hündchen neben dem Inder.

Und also sprach Epikur:

HERAKLEITOS AM MEER

„Einsam streift am Strande: der Menschen **Feind**. Und in Lauten ernst, schmucklos und rauh, spricht er in die flutenden Wogen:

Was ist die Welt?

Wie eines Kindes Hand mit Kieseln spielt, so spielt der Äon mit Sternen und Kreaturen.

Dämonen spielen mit uns und wir mit Pflanze und Tier.

Der Wandeltanz der Gestalten, ohne Dauer, Sinn und Zweck, durchwaltet einander, immer werdend: seiend und auch nicht seiend. Denn nicht zweimal steigst du in dieselbe Welle.

So aber wie Kinder sitzen wir am Meer und mit unsern Händen Wasser schöpfend, sprechen wir: ,Siehe! Wir erfassen die See: So versucht der Philosophen Hirn Unermeßliches auszuschöpfen mit Kellen des Begriffs. Natur aber liebt es, sich zu verbergen. Und Kinderspiel ist Denken und Meinen. Jenseit des denkenden Meinens aber versinkt die Zeit. Jenseit der Zeit währt das Seiende.

Zwischen zwei Polen pendelt das Immerwerdende: Gestalt will vereisen, Gestalt will zerfließen.

Seelenlose Schwere ist die eine Grenze; lichtflüssige Schwingung ist die andere Grenze.

Mitteninne wogt Meer, Anodos und Kathodos, mitteninne zwischen Äther und Stein.

Wer ist des Spieles Treiber?

Flamme ist der Gott, von dem getrieben glühen wir, Mangel und Sättigung in Eines."

Epikur verstummte.

Der Mittag stand über ihren Häuptern. Schattenlos-weiß brannte der Strand. Das Meer warf Wogen. Die Flut nahte dem Chironfels.

Die Jünglinge trugen die Geräte zusammen.

Die Mädchen vollendeten die Kränze.

Alkmäon sprach: „Wir wollen den Lorbeer mit den weißen Rosen dem Lichtgotte weihn. Denn der scharf umrissene Laurus, welcher aussieht wie stolze, spitze Flamme, ist der Baum des Gottes, der Gestalten **sondert**. Das farblose Licht trägt er als Gewand.

Aber der Kranz aus Weinranke und roten Rosen, der gehört dem Gestaltenlöser, dem farbigen Dio-nysos."

Da füllte Epikur einen Becher voll roten Weines und goß ihn langsam in die Wogen. Lais schleuderte den Rosenkranz ins Meer.

„Laßt uns fliehn", riet Epikur. „Doch damit der Morgen nicht ohne Krönung sei, so gestattet, daß ich in ein Spiel zusammenfasse, was wir am Wasser heute erlauschten:

Mein Rätsel birgt die Lösung aller Rätsel:
In einem Bilde fass' ich alle Bilder,
In einem Sterne hab' ich alle Sterne,
In meinem Kleinod schläft die ganze Welt.

Ich weiß ein Ding: Die letzte Frucht der Früchte,
Gemischt aus Wasser und aus lichter Flamme,
Gemischt aus Seelenlust und Geistespein,
Schläft alles Ja darin und jedes Nein."

Lange grübelnd saßen die Gefährten.
Endlich nahm der Arzt das Wort:
„Wenn ich dein Rätsel richtig deute, dann meinst du ein Ding,
daraus Leben keimt oder darinnen Leben beschlossen liegt und welches gleich viel Anteil hat an den nährenden und reinigenden Was-
sern aus der Tiefe wie an dem aus der Höhe aufspaltenden Licht,
nämlich: **Das Saatkorn.** Im Samen haben wir eingekörpert die
nährenden Säfte der Erde und ebenso das Licht der fernen Sterne.
Sonne, Mond und Sterne genießen wir in jedem Stück Brot und
in jeder Traube.
In jeder Eichel liegt eingekerkert das Bild des Eichbaums. Im
Weizenkorn schläft das Bild des wogenden Silberfelds.
Darum hält Persephoneia den Granatapfel, den hundertsamigen.
Darum geben wir den Toten Linse und Bohne ins Grab. Sind doch
wir selber Samen aller Zukunft."

„Ein wahres Wort, Alkmäon," lächelte Epikur, „aber mein Rätsel
sucht bessere Lösung, rede nun du, mein Klearchos."
Klearchos neigte die Stirn:
„Wenn ich des Alkmäon hohe Worte ergänzen darf, dann wage
ich zu erinnern an das wundersame Gefäß, darin alles Leben beschlossen liegt wie in einem Grabe und welches wir denn auch als
Gewähr steter Wiederkehr in die Hand der Toten legen: **Das Ei.**
Auch im Ei treibt feurige Kraft das im Stoffe eingekerkerte, von
der Flüssigkeit genährte Bild hervor, welches, in Raum und Zeit
ausgebreitet, sich kundtut als das wundersame Wachstum einer
Gestalt. Und so mahnt dein Rätsel, Meister, daß im Ei verborgen
liegt die lange Kettenschnur der Schicksale, welche nach rückwärts
hin uns bindet an unsre Ahnen, bis hinan in des Kosmos fernste Vorzeit, zugleich aber doch auch schon vorbestimmt und vorausenthält
Alles, was je an Werk und Wille erscheinen mag.

Denn im Gegenwärtigen schlummert alle Vorwelt und alle Nachwelt. Nicht anders wie eine liebliche Melodie schlummert im Akkorde, dessen Auflösung zum Nacheinander in der Zeit eben ja die liebliche Melodie ergibt." – –

„Auch des Klearchos Worte muß ich loben," rief Epikur, „und doch sucht mein Rätsel bessere Lösung. Sprich nun du, unsere kluge Aspasia." –

Aspasia: „Indem ich deinem Rätsel nachdachte, fiel mir ein, daß wir beständig mit uns tragen jenen Stern, in dessen Tiefe das Leben als Bild erscheint und zugleich auch als unser eigenes Bild, nämlich: **Unser Auge.**

Hat doch das Auge Anteil am geistigen Licht der Sinne. Und ist doch auch das Auge ein kleiner See, darinnen die Formen sich spiegeln. Und liegt nicht im Auge alles Ja und Nein der Seelen?"

„Nicht übel, Aspasia," lobte der Meister, „doch sucht mein Rätsel bessere Lösung, rede du, stiller Eusebios." –

Eusebios: „Ich muß jener Worte denken, die du zu uns sprachest, als Klearchos die Muschel brachte. Und ich glaube fast, du habest mit dem Rätsel nur einmal noch erinnern wollen an die Lehre des sterbenden Muscheltiers, damit das Ende des Morgens sich an seinen Anfang schließe und das Erkennen unsrer Frühe sich rûnde zum reinen Ring.

Die Perle ist es! In ihr erscheint der Mutter Feuchte und das Licht des Vaters. Der Schmerz des Antriebs und das Glück der Erlösung. Die Perle ist Leben und Tod in Eines. Und das Bild alles Schönen, der Werke sowohl wie der Schaffenden. An der Perle zeigtest du uns den Sinn der Welt."

Epikur: „Eines ist zugleich Saat, Ei, Augenstern und Perle. Eines: letzte Blüte unsrer Welt, darinnen die Welt selber erscheint und auch unser Eigenwesen, mit endloser Qual und endloser Lust. Seele und Geist, Wasser und Flamme, Entspannung und Ballung, Bindung an das Schicksal und Aufschwung über das Schicksal: **Die Träne** …"

Diotima nahm den zweiten Kranz aus Lorbeer und weißer Rose und legte ihn still auf des Denkers Haupt; der gab ihn weiter an Alkmäon.

Indem sie aufbrachen, suchte Trasyllos schüchtern die Hand des geliebten Lehrers. Er allein ahnte die verschwiegene Deutung.

Denn auf seiner jungen Stirne brannte dunkel das Mal frühen Todes.

II.
FLAMME AM MITTAG

Du ohne Keim, Aufspalter jedem Keim
Feind sei uns Bruder, denn wir sehnen heim.

Es liegt ein Hügel oberhalb der Stadt, nach Morgen zu. Das Volk nennt ihn „Hügel des Phoibos".

Auf diesem Hügel blüht eine hundertjährige Aloë. Ihre Blätter sind wie stachlige Schwerter. Sterben muß sie vom Tage ab, an dem sie blüht. – Ein Apollotempelchen ragt auf dem Hügel. Vor ihm liegt breit das freie Feld.

Man sieht von hier über die Stadt und über die Burg, auf den Hafen und auf das Meer. –

Eine frohe Schar hat in der Frühe den Phoiboshügel bestiegen.

Epikur ist es, der Weise und seine drei Schüler Klearchos, Eusebios, Trasyllos. Sowie seine drei Schülerinnen Aspasia, Diotima und Lais. Dazu das Hündchen Margo.

Auch zwei Fremde sind mitgekommen. In ein priesterliches Linnen gehüllt, Artabazos der Perser. Und in einem goldgelben Gewande, Eliesar der Jude. Sie wollen am Mittage das Feueropfer bringen.

Die Jünglinge haben einen Stoß Reisig zusammengetragen. Zweige des Wacholder und der Olive. Dazu Eichenreiser. Nun warten sie auf das Zeichen.

In des Mittagschrecks Stunde, in der Stunde des lotrechten Wagens, in der Stunde des kürzesten Schattens erscheint: das Zeichen.

Ein Zittern durchbricht den Bann. Ein Knistern wird vernehmbar. Ein bläuliches Pünktchen blinkt auf.

Endlich schlägt hervor: Das erste Licht! Alsbald an einer entfernteren Stelle das zweite, das dritte.

Rotweiße Schatten huschen über den verdörrenden Rasen. Goldgelbe Zungen lecken lüstern ins Luftmeer. Die Flamme fliegt an.

Die Flamme verflüchtet sich nicht, wie Wind und Luft verflachten. Die Flamme haftet. Die Flamme saugt an allem Flüssigen. Die Flamme lockert an allem Festen. Die Flamme wuchert.

Noch hängt Schwärze zwischen den Lichten.

Aber schon entbrennt der Bogen der Farben: Rot, Gelb, Orange, Grün, Blau, Indigo und Violett. Und plötzlich verrinnen die Sieben zum reinen Weiß. Nun leuchtet: Der Alles ernährende, Alles verzehrende Gott.

Und also sprach Epikur:

„Drei Völker nahen dir, A-poly. Dem ‚Nicht-Vielen‘, dem **Einen**. Du aber bist: ‚Der Alles ernährende, Alles verzehrende Gott‘.

Wir Griechen, augenfrohe Lehrer des Abendlandes, sind entblüht aus der Doppelwurzel morgenländischer Stämme.

Unser Freund Artabazos will im Mittage die Weisheit der Berge künden. Unser Freund Eliesar: Musik der Wüste.

Ihr aber, Schüler und Schülerinnen, wollet lauschen den Stimmen der Väter.“

Nunmehr trat Artabazos vor die Flamme, im weißen Priestergewande, ein zartes Tüll um die Lippen (damit der menschliche Atem nicht die Reine der Lichtseele entweihe), umgürtet mit der heiligen Kasti, dessen dreifache Schnüre bedeuten: „Gute Gedanken, gute Worte und gute Taten“. Betend hob Artabazos die Arme gen Osten und sprach:

DAS GEBET AN DIE FLAMME

„Zwei Gewalten weben am Geheimnis der Welt und am Geheimnis der Herzen: Das Dunkle und das Lichte.

Immer wieder, von Äon zu Äon, siegte die Macht der Finsternis. Immer wieder tagte ein Morgen. Und neu kam die Sonne, zweierlei Gnaden spendend: Wärme und Helle.

Vom **Herz**pol des Lebens strömt Wärme. Umhegend, befruchtend, aufküssend.

Vom **Hirn**pol des Lebens strömt Erleuchtung. Aufklärend Bedrohliches, obsiegend der Angst, verscheuchend die Finster.

Woher die Flamme? Wähnt nicht, sie sei **geworden**, indem wir an diesem Mittage Scheite häuften, Hölzer rieben, Funken schlugen.

Nein! Dieses Feuer war seit Eh!

In jedem Stein, jedem Holze, jedem Dinge, darauf unser Auge fällt, schläft dieses Feuer, die treibende Macht. **Sichtbar** freilich wissendem Auge wird es nur dann, wenn jene **Gelegenheit** da ist, die wir mit Menschenwort nennen: Die Ursache.

Was ist Ursache? Abgrenzung des Erscheinenden. Seines Erscheinens Nötigung. Der Erscheinung Kerker.

Aber die Ur-Sache schafft nicht das Seiende.

Sie beseitigt nur Schleier: Flamme wird **sichtbar**!

Bald an dieser Stelle, bald an jener. Hier leuchtet der Gott hervor, dort springt er über.

Plötzlich brennt das Meer seines Offenbarens!

Eingefangen in Uns harrt Apollo. Eingekerkert der Gott. Wir sollen ihn läutern.

Es ist der sichtbar gewordene Geist, der in uns glüht. In uns besiegend das Dunkel und den Dünkel, des Herzens Kälte wie des Hirnes Wahn.

Denn jedes Blatt streckt sich zum Licht. Denn jeder Finger streckt sich zum Licht.

Jedes unsrer Worte ist Entscheid. Jeder Atemhauch: Wählen. Jeder Schritt: Wertung.

Wollend-denkend sollen wir **Wachende** vollenden, was unbewußt stumm im Schlafe all außermenschlich Kreatur erstreben **muß**.

„Licht übers Land" – das ist: was wir **gewollt**.

Aber Ursage kündet vom Sängervogel. Alle fünfhundert Jahre trägt er zusammen den Holzstoß aus reinen Spezereien, aus edlen Narden, Myrrhen, Zimmethölzern. Er verbrennt sich in der Flamme aus Quintessenzen der Erde, um geläutert, neu zu erstehn aus Aschen."

So sprechend ergriff Artahazos eine gläserne Schale, welche die Form eines Herzens zeigte, und goß daraus edles Öl in die Flamme. Und das Feuer lohte kräftig empor.

•

Auf den Wink Epikurs trat Eliesar der Hundertjährige vor das Feuer und begann in mählich anschwellendem Singeton:

VOM GOTTE IM FEUER

„Der aus dem brennenden Dornbusch sprach zu seinem Volke, der die Blitze schleuderte aus Gomorrhas Lohe und aus Flammen Jerichos, der den Regenbogen spannte ob der Sintflut und als glanzausstrahlende Himmelswolke durch die Wüste voranzog seinem Volke – dieser Gott verbietet: die Zwei und die Zweiheit!

Denn Er spricht: ‚Höre, Israel, höre, dein Herr ist: **die Eins**! Ich bin das Licht **und** die Finsternis, ich bin das Gute **und** das Böse, ich bin die Wahrheit **und** die Lüge, ich bin die Liebe **und** der Zorn.'

Denn wie das Licht nur offenbar werden kann an seinen Schatten, und wie der Wohlklang zu Bewußtsein gelangt nur dank dem Mißklang, und wie die Zunge kein Süßes schmeckte, empfände sie nicht auch das Saure, so könnte sich der Gott nicht offenbaren als der Quell, machte er sich nicht fühlbar als die Qual.

Zutiefst aber wissen wir: Nichts gibt es zu wissen! Das Sein birgt kein Rätsel! Es gibt kein Zwei! Alles **ist**. Ist **Ewig**! –

Wohl aber gilt es zu **handeln**! . . .

Und um der **Tat** willen, wissen wir.

Wissen also heißt normen und messen, heißt zählbar, heißt **er**zählbar machen.

Wir forschen also, um zu **handeln**. Und gültig ist, womit sich **richtig** handeln läßt.

So ist denn die Frage aller Fragen:
Welches Handeln heiße uns gültiges Handeln? ...

Einst hat der Frömmste unsrer Weisen Gott geschaut. Und er sah einen Bettler, der seine weinenden Augen richtete auf den Menschen.

Und der Bettler kniete hin vor den Menschen und sprach:

‚Segne mich, du mein Knecht Israel!'

Gott also wartet auf den Menschen! Damit der Mensch Gott erlöse von Finsternis und Bosheit, von Lüge und Trägheit. Denn so nur vermag Gott, den **Menschen** zu erlösen.

Nur damit der Mensch teilhabe am Ewigen Licht, ward er gesegnet mit den Dunkelheiten.

Und so wollen wir trachten nach dem **Einen**.

Lieben aber das Eine im Vielen. Und segnen Beides: Die Liebe **und** den Zorn, die Wahrheit **und** die Lüge, das Gute **und** das Böse, das Licht **und** die Finsternis. Denn unser Herr heißt ‚Unermeßlich'. Ihn benennen wäre: Ihn begrenzen."

Indem er dieses sprach, streckte Eliesar seine welke Hand in die Flamme, als wolle er Gottes Hand ergreifen. Und unversehrt zog er die Hand aus dem Feuer.

●

Epikur trat vor das Feuer und begann:

DIE FEUERPREDIGT

„Viele Sonnen kreisen im Raum, und nie kehrt wieder **dieselbe** Sonne. Das Licht im Mittag ist **anderes** Licht als Licht im Abend. Und Mond im Aufgang ist **anderer** Mond als untergehender.

Wo aber der Gott erscheint, da kleidet er sich: in Gestalt.

Vernichte Namen und Grenze, und du vernichtest den Gott.

Denn anders kann Leben sich nicht offenbaren, es sei denn im Jetzt und als ein **Hier**.

Einmalig ist alles Jetzt und alles Hier und nie gleicherweis wiederkehrend.

Wo Erfüllung ist, da ist **Form**. Wo aber Form verlischt, da beginnt: Chaos.

Dem Auge der Irdischen ist es nicht gegeben, ins reine Licht zu blicken. Davon sagen die Weisen: ‚Leben heißt den Gott schaun. Aber ihn nackt sehn, heißt: Sterben.'

Denn das Licht offenbart sich dem Auge gebrochen am Dunkel. Nur als Farbe offenbart sich dem Auge: Licht. Als Farbe aber begnadet es die Welt mit Schein und mit Schönheit.

Hier vom Hügel des Phoibos blicken wir in die Runde auf unsre Stadt am Meer.

Und vor glückseligen Sinnen, ausgebreitet am Gestade des Unendlichen, liegt das Werk der Jahrhunderte.

Dort ragt unsre Burg! Die Göttin mit erhobener Lanze beschirmt ihr Heiligtum. Der Schiffer, um das Kap biegend, erblickt von Ferne ihrer Lanze goldene Spitze.

Dort biegt die Straße breit in das marmorne Prachttor. In Säulenhöfen plaudern die Brunnen. In ihren Tempeln wohnen befreundet: die Götter. Die Siegesgöttin schwebt über ihrem lieblichen Haus.

Unter Zypressen wandeln die Weisen. In der Palästra wachsen Knaben den Göttern nach. Ziegen hängen am Fels, und der Bauer treu ehrt den ererbten Brauch.

Das Theater dort hütet die musischen Chöre. Die Mauer dort

kündet die Heiligkeit des Gesetzes. Jeder Bürger trug zu ihr einen Stein ...

Eliesar, bleichster unsrer Brüder, du hast den **Schmerz** in unsre Herzen gesäet, indem du sprachest von dem unsichtbaren **Einen**, das, nicht greifbar und nicht begreifbar. hinter all diesen schönen Erscheinungen steht, fordernd und wartend auf die Erde und auf den winzigen Menschen.

Indem du sprachest, blickte ich in Zukunft.
Und ich sah: Eine große Wüste, trostlos.
Da blüht kein Baum, da wächst kein Strauch.
Da welkt das Tier, senken Blumen das Haupt.
Da' erlischt Gestalt, da sinkt ins Urwirre die Form.
Da verstummen die Vögel, stirbt Geheimnis gelichteter Wälder.
Ich sehe nichts als eine weiße Flamme.

Weiße Flamme brennt in der Wüste, und die weiße Flamme wächst wie der Ring von Eis, am Pole der Erde.
Und frißt sich durch Land. Und züngelt übers Meer. Und überwächst die Berge.
Sie übermächtigt den Urwald. Verhöhnt den Park. Und wo die weiße Flamme obsiegt, da schwindet Farbigkeit. Alles **Schöne** schwindet.
Und alles wird in weißer Wüste: weißes Licht."

Als Epikur diese Feuerpredigt gesprochen hatte, verstummte er. Aber auch die Schüler verstummten und spürten Grauen. Und weder der Perser noch der Jude wußten zu erwidern.

Die Flamme sang, und der Rauch stiehte in Schwaden zum blauklaren Himmel.
Endlich trat Eliesar hervor, der hundertjährige, und sprach, gelehnt an die blühende Aloë:

DIE PARABEL VON DEN BEIDEN BÄUMEN

„Einst vor Urzeiten hat sich in Hochmut empört der Engel des Herrn: Luzifer-Demiurgos. Zur Strafe aber seines Stolzes ward er aus den Himmeln verwiesen und verbannt auf einen Stern. Der Stern war wirr und wild. Der Stern hieß: **Erde**.

Da beschloß Luzifer-Demiurgos, der **Gegen**-Gott zu werden. Und sich zum Troste für den verlorenen Himmel und zum Troste gegen den Einen, der ihn von sich ausgestoßen hatte, beschloß er: Ich erschaffe den **Neuen** Himmel. Aus dieser Wildnis, genannt Erde.

So schuf er denn um: die entsetzliche Erde, die kampfdurchtobte, in einen Garten der Ordnung. Und in des Paradiesesgartens Mitte pflanzte er zwei Bäume: Den Baum ‚Ewiges Leben' und den Baum ‚Scham und Zucht'.

Aus Lehm und Wasser, Flamme und Äther aber schuf er sich zum Bilde und Troste das Herrscherpaar der Tiere. Und nannte sie Adam und Eva. Und erlaubte ihnen zu essen von allen Bäumen des Gartens, aber nicht vom Baum ‚Scham und Zucht'.

Brachen Adam und Eva die Frucht vom ‚Baum des Lebens', so bewahrten sie Ewigkeit **jenseit** von Wahr und Falsch, von Gut und Böse, von Sinn und Nichtsinn.

Aber Teilhabe am Rang ihres Ebenbildes gewannen sie nur dann, wenn sie kosteten vom **verbotenen** Baum, dem ‚Baum der Erkenntnis'. Denn Menschwerden heißt: Ein Messender werden.

Um also zum ‚Menschen' zu werden, musste das tierische Paar das Gebot ihres Schöpfers übertreten.

‚Der Eine' aber übersah das Werk seines **Gegen**-Schöpfers. Er erkannte das Heimweh seines gefallenen Engels. Er sah, dass hinter dem Trotze nichts Anderes brannte als die Sehnsucht: zurückzukehren in die verlorene Heimat.

Und der Herr **dankte**, indem er sich erbarmte des noch blinden Geschöpfes, des Halbtiers.

Um den gesunkenen Demiurgen von sich selbst zu erlören, beschloß Der Herr, sich einen **Helfer** zu erziehn: Den Menschen.

Denn Er kennt das Heimweh des Demiurgen besser, als dieser sich selbst kennt.

Darum verkleidete sich der Herr in den Leib der Schlange, welche zum Weibe sprach: ‚Gehorche nicht! Brich die Frucht und büße!'

Da taten unsere Stammeltern, was Allgewalt ihnen ins Herz legte, und machte sich **unselig**, um Helfer Gottes zu werden.

Der Erdgeist aber ergrimmte und wies den Menschen aus dem Paradiese auf die Äcker der Zeit. Da müssen sie nun arbeiten im Schweiße ihres Angesichts.

So nämlich kündet die Wahrheit:

Die Natur lebt **unmittelbar**. Unmittelbar befriedet sie jedes Bedürfen. Und ihre Bedürfnisse sind einfach und geradlinig. Der Mensch aber, der vom Baume des Wissens aß, lebt nur noch **mittelbar**. Um seine Bedürfnisse befrieden zu können, bedarf er der Mittel, der Werkzeuge. Das Zeichen der Natur ist das Geschlecht und die ewige Zeugung. Das Zeichen des Menschen aber wurde nun die Hand und die Überzeugung des Ewigen.

Der Mensch muß lernen, was die Natur nicht kennt: Arbeit und Wirtschaft. Seine Bedürfnisse aber werden immer mannigfaltiger. Niemals gab es ein Tier, dessen Laster sich gegen die eigene Art kehrten. Es sein denn das vom Menschen verunzüchtete Tier.

Der Mensch aber ist das Tier, **welches gegen sich selber lebt**, denn er durchquerte die Ordnung des Erdgeistes und rettet sich nun in die Ordnung Gottes. Schuldig, aber wissend."

Als Eliesar die Parabel erzählt hatte, blickte er von Einem zum Andern, um zu erforschen, ob sie seine Meinung verstünden. Aber keiner wusste, worauf Eliesars Geschichte zielte. Nur Artabazos, welcher fühlte, dass der Alte gekränkt sei, trat an Eliesar heran, und, als wolle er den ewigen Streit der Völker beilegen, drückte er die welke Hand, welche das Feuer gefasst hatte. Eliesar hob an zu einer zweiten Parabel.

WER GOTT SCHAUT, STIRBT

„Im Tempel Zion stand das verschleierte Bild. Davon hatte die Gottheit geboten: ‚Kein Sterblicher darf den Schleier der **Wahrheit** heben, bis ich selbst ihn hebe.'

Ein Jüngling, der die Wahrheit nackend sehen wollte, weil er ihre Verschleierung für Betrug der machtwilligen Priester hielt, schlich nachts in das Heiligtum und blickte hinter die letzte Hülle. Denn er spürte, dass zur Gewissheit nur der eine Weg führt: **Die Schuld.**

Bleich und besinnungslos fanden ihn die Priester im Lichte des Tages. Niemals je hat er ausgesprochen, was er hinter dem Schleier geschaut hat. Den Fragenden antwortet er: ‚Wüßtet ihr, was nun **ich** weiß, ihr würde wenig lachen und viel weinen.' ...

Mein Volk – Haß und Abscheu menschlichen Geschlechts – riß die Schleier herab. Wir nahmen auf uns: Die Schuld.

Was hinter dem letzten Schleier war, wisst **ihr** das? Die ihr täglich neue Schleier webt?"

Artabazos: „Freund Eliesar! Wer den Kältetod scheut auf Gletschern, der muß nicht sein Hüttlein baun im warmen Tal?"

Eliesar: „Wohl denn! Wir ehren menschliche Grenze."

Artabazos: „Wie aber wir Menschen mitleidig blicken auf Geschöpfe, welche uns nicht wissen oder welche von uns nur wissen jenen kleinen Ausschnitt aus unsrer Welt, der auch in das Bereich **ihrer** Sinne fällt, so blicken die höheren Wesen mit andern als mit menschlichen Sinnen gnädig auf uns und unser Treiben. Wir aber wissen nicht von ihnen. Wir nehmen sie nicht **wahr.**"

Eliesar: „Kommt die Zeit, wo sich das Wissen kehrt gegen das Leben, so wird sich das Leben kehren gegen das Wissen."

Artabazos: „So wird es geschehn. Auch dann, wenn deine Geschichte **gilt**: Wenn, uns selber unbewußt, unsres Menschenlebens Ziel ist: Aufhebung des vom Demiurgen verschuldeten Menschendaseins. Des Erdgeistes ‚Wiedereinkehr in Gott'."

Da trat Epikur vor und sprach also:

DER UNTERGANG DER ERDE AM GEIST

„Ich erfasse mit der Hand den Boden.

Ich halte eine Handvoll Erde und Stein. Das ist Leben!

Denn wie diese Erde hindurchgegangen ist durch Milliarden wechselnder Gestalten, so ist sie auch belebt von Milliarden unsichtbarer Organismen.

Alle Erde lebt!

Ich erfasse mit der Hand das Meer.

Ich halte eine Handvoll Wassers und Salze.

Das ist Leben!

Denn wie dieses Wasser hindurchgeflossen ist Milliarden wechselnder Gestalten, so ist auch jeder seiner Tropfen beseelt von einer Kleinwelt unsichtbarer Organismen.

Alles Wasser lebt!

Ich erfasse mit der Hand den Äther.

Ich halte eine Handvoll Luft und Gas. Das ist Leben!

Denn wie diese Luft hindurchgeströmt ist Milliarden wechselnder Gestalten, so ist auch jeder kleinste Raum: ein Ozean unsichtbarer Organismen.

Alle Luft lebt! ...

Wo also ist **Tod**?

Auch der starre Stein wächst und verwittert.

Auch im Eise schlummert die Möglichkeit jeglichen Bilds.

Wo ist **Tod**?

Wasser zernagen den Fels, und der Fels zerbröckelt. Flüsse tragen die Trümmer ins Meer. Und aus dem Meere neu wachsen Felsen.

Das Land, welches uns trägt, ist morgen überspült vom Okeanos. Aus des Okeanos unfruchtbarer Öde tauchen neu: Städte und Völker.

Die Wolke am Hügelrand, morgen grünt sie als Eiche. Die Eiche am Berghang, morgen wandert sie als Wolke.

Die Luft, die ich münze zu Wort, morgen entblühn ihr Rosen. Der Odem der Rosen, morgen ist er pochendes Kinderherz.

Keine Bewegung ist je vergangen, keine Kraft je entsank.

Aber eine einzige Gewalt entzieht sich dem Ringe:

Kraft, die zu Wärme ward, läßt sich nicht rückwandeln !

Hier vollendet sich der Ausgleich!

Hier ist: **Tod**!

In dieser Flamme lebt kein Bild. Jedes Bild wird in ihr versinken.

Flamme ist Geist. –

Und so kündet die Lehre:

‚Geist ist der **Schlächter des Lebens**! Geist ist **Schmarotzer** am Leben! Geist ist Leben, das sich selber ins Leben schneidet. **Am Geist brennt die Erde zu Asche**!‘ “

Eliesar: „Gut denn, Epikur! Möge es sein, wie du erkanntest. Sollen wir darum den Tod **scheuen**? Wäre es nicht stolzer in der Flamme vollenden als im Schlamme vermodern?“

Artabazos: „Glaubst du nicht, Epikur, daß es Seelen gibt, die nie aufhören werden, Wahrheit zu suchen, auch dann, wenn die Wahrheit trostlos ist? Nichts als Vernichten süß täuschender Wunscheinblendung?“

Klearchos: „Wenn ich dein Wort richtig deute, Meister, so warnt es nicht vor dem Geiste. Nein! Vor der **Feindschaft** des Geistes, wenn wir sein verliehenes Pfand nicht hüten.“

Epikur: „Als unser Staat entstand, als die Mauer gegründet ward und gesetzt die Gesetze, da haben unsre Weisen jene Volksworte geprägt, die in hundert Modelungen weitergegeben wurden von Vater zu Sohn: ‚Nichts allzu sehr: ‚Halte Maß.‘ ‚Suche Anmut.‘ ‚Ehre die goldene Mitte.‘ “

Artabazos: „Auch **unsre** Weisen sprachen: ‚Es ist der Sinne Farbenband zwischen zwei Dunkel ausgespannt.‘ ...

Epikur: „Eingesenkt ruht Licht im Schoße des Lebens. Ob es wohltätig bleibe, liegt am **Verhalten der Menschen**. Denn im

Menschen allein **kann** das Leben sich kehren gegen das Leben."

Artabazos: „Als treibende Zeugungsgewalt lockt die Flamme die Bilder hervor. Und sie werden Bildung und Gebild. Die Erde bewahrt sie. Die Welle hegt sie. Aber nur **gebundenes** Licht schenkt Anmut."

Epikur: „Wehe also, wenn wir das Feuer nicht wahren! Wenn wir es abdrängen, ablösen, freimachen. Dann wandelt sich des Lebens Erzeuger in des Lebens Feind.

Darum sprechen die Geweihten von Eleusis: ‚Ehret das **Schweigen.**' Der Bau der Welt hängt an dem Gebot, daß unser Volk das Wort ehrfürchtig **zurückhält**. Ausgesprochen wird es: Allverzehrender Feind. –

Freunde! Lasset uns ehren und schweigen ... "

Dieses war die Flammenlehre !

Nachdem Epikur die Lehre von der Flamme verkündet hatte, neigte er dreimal seinen Leib gegen das Feuer, welches bläulich über den Boden zuckend das Holz und das Gestrüpp verzehrt hatte und sich anschickte, zu verglimmen.

Der Perser und der Jude waren vom Feuer zurückgetreten. Sie kauerten unter der blühenden Aloë, deren Blätter wie Schwerter sind und welche sterben muß vom Tage ab, an dem sie blüht.

Die Jünglinge und die Mädchen lagerten in den Schatten des Buschwerks, das den Hügel umrandet.

Nur das Hündchen schnoberte neugierig in die Asche.

Klearchos, Lais und Diotima scharrten die letzten Funken hervor und stellten Krüge mit Milch über die Flamme.

Die älteren Knaben legten in die Asche Kastanien, die sie am Hange der Felsen gepflückt hatten.

Epikur hinzutretend meinte: „Kinder zwingen den Weltbrand, ihre Kastanien zu rösten."

Alsbald lagerten alle am Waldrand nahe dem leergebrannten Feuer. Der Waldboden rings war schwarz mit Kohle bestreut. Der

Wind fuhr in die Asche und trieb Flocken auseinander. Nichts war übrig von der Opferflamme als ein Häuflein müde verglostenden Holzes, müde zerfallend in Zunder. Epikur, Eliesar und Artabazos nahmen Speise und Trank. Und sie besprachen sich während des Mahles.

•

Epikur: „Nun sollen die Jungen sich entäußern zu den Gesichten des Mittags."

Artabazos: „Ja, die Jugend soll fortsetzen, was wir hinterlassen, denn Erkenntnis ist die Fackel, die im Stafettenlauf immer das eine Geschlecht dem folgenden zu überbringen versucht: Unversehrt."

Eliesar: „Wohl, die Alten hüteten die Flamme als ein Licht, das sie weitergaben von Hand zu Hand durch die endlose Flucht dunkler Stuben."

Klearchos , der älteste der Schüler, ließ die warme Asche durch die Finger gleiten: „Wenn ich die Lehre der Meister recht beherzige, so warnt sie uns vor leerem Wort aus leichtfertigem Munde als vor ‚unbehütetem Feuer'.

Denn der mordende Geist ist der mit dem Lebenselement nicht mehr verbundene Geist. Mörder ist jeder Gedanke, der nicht ein Gedanke der Herzen ist.

Wo also Sprache sich ablöst von der Seele, wo das Geistige ward zur Kunst der Form, ja wohl gar zur Unterhaltung der Müßigen, da bricht hervor: Der **Zerstörer**."

Aspasia: „Wenn ich deine Feuerpredigt, Epikur, richtig deute, so willst du lehren, daß alles Wissen eingesenkt liegt in Träumen. Nicht anders wie Sonne aufgefangen wird von Wasser und Erde, von Pflanze und Tier.

Reißt sich aber der wache Geist los aus blindsicherer Triebe mütterlichem Dunkel und tritt selbstherrlich selbstgerecht das Bewußtsein heraus aus dem Vorbewußten, dann ensteht: Die Feuersbrunst. Denn Geist soll **gebunden** bleiben an die Seele wie der Mann an Mutter und Weib."

Lange hatte Epikur hineingelauscht in die Gespräche seiner Schüler.

Nun sprach er bedeutend:

„Kein Tier, keine Pflanze und kein Dämon besitzt Das, was der **Mensch** besitzt: ‚Eine gültig daseiende Welt der **Gegen**-Stände in unerfülltem Raum und in leerlaufender Zeit'

Eben darum **sind** Pflanze und Tier.

Wir aber **sind** nicht, insofern wir das Seiende **wollen** oder indem wir das Seiende **denken**. Denn die Voraussetzung des ‚Habens von Dingen in Raum und Zeit' ist ... oh! das begreift ihr nicht! Oh! wer wird es mir nachfühlen? ... Nein! Nein! Vernehmt es:

Die Voraussetzung einer ‚Gegenstandswelt in Raum und Zeit', das heißt einer bewußtseinswirklichen **Wach**welt ist: **Unser inneres Leerlaufen!** − −

Freunde! Ich flehe euch an, vergeßt, was ich jetzo sage, nie auf euren Wegen:

Wir kommen der ‚Objektiven Wahrheit' immer näher, je verarmter wir werden im **Pleroma**. Ärmer an Seinsfülle, Lebensfülle, Teilhabe.

Je dürftiger unsre Musik wird, um so reicher wird unsre Mathematik werden.

Die Unerfülltheit des Gemütes, ja! ich sage: die Lebensverödung, die Lebensauslaugung, Verkohlung, Vergletscherung, Abgedrängtheit ... das ist die unumgängliche Voraussetzung für die ‚Eroberung des Sachlichen', des ‚Wahren', des ‚Absoluten'.

Gedanke ist **enttäuschtes** Leben! Wille ist **verengtes** Leben! Der Mensch ist das geistigste, das willereichste, mithin das lebens**dünnste**, element**fernste**, abgedrängteste aller Geschöpfe.

Was steckt hinter aller sogenannten ‚Wirklichkeit' des wachen Wissens? Das bloße Gespanntsein auf ein **Etwas**. Das Niemalsruhen in der Fülle. Das dauernd-sehnsüchtig-gerichtete unerfüllte, weil unerfüllbare Hasten nach dem nur eingebildeten, nur vorgeblendeten **Ziel**.

Immer ‚Interesse'! Immer: Zwischen den Dingen! Nie darin. Immer: Gegenüber! Immer auf dem Wege!

Das ist die Voraussetzung des Menschenwissens um Bewusstseinswirklichkeit. Und nur **einen** Trost hat der Denkend-Wollende: Die Ziel-Lüge, den Rauschersatz, den immer werdenden Mythos, ‚Weltgeschichte!'

Denn es gibt kein Ziel. Es sei denn ein negatives. –

Erziehe dein Kind zum ‚Guten'. Du machst es lebensunfähig. Erziehe dein Kind zum ‚Bösen'. Du stürzest die Menschenwelt in das Chaos.

Wir haben nur die Wahl: Entweder als Einzelne, Persönliche, Abgelöste triumphieren und am Chaos der **Welt** untergehn.

Oder: Das Kosmos der Ordnung erschaffen, aber alle Einzelseelen **vernichten** …

Logik? Eine Richt**maße** des Urteils **über** Lebendiges. Nie lebendig!

Ethik? **Lebtest** du sie, du könntest nicht mehr leben. –

Es gibt kein **Ziel**. Es sei denn: Aufhebung des wachen Wirkens!

Wo aber der Mangel ist, ob, da wird viel Lärm gemacht. Menschenlärm! Weltgeschichte! Könnerei, Leisterei, Wisserei! Alles: Übertäubung des Mangels am **Sein**!

‚Unheilbar in der eignen Haut
Wird's allgemeine Wohl erwählt.'

Meine Freunde! Vergeßt es niemals: die Voraussetzung menschlichen Wissens, menschlichen Wollens ist das Seelisch-Entnüchterte-Leersein.

Unser Wissen ist das Entleben des Lebens! Jede Lehre birgt eine Leere!

Meine Schüler! Ein Zeitalter dämmert herauf, wo der Mensch, aus dem Sinn herausgetreten, dem **Irrsinn** verfallen muß. Dem Irrsinn seines Denkens, seines Wollens.

Und diesen Irrsinn wird er ‚Sinn der Erde' nennen.

Jedes urteilende Wissen ist Frucht einer **End**täuschung.

Jedes zielverhaftete Wollen: Verengen der Lebensfülle. Zum schmalen, dürftig gerichteten Strahl.

Gerichtet wird der Mensch sein!

Ein Wesen aber, das immer denkt und alles **will**, ein solches

Wesen **lebt** nicht. Es hat keinen Anteil, hat keinen Anschluß im Zeitlos-Ewigen.

Es hat Zukunft. Es hat Vergangenheiten. Es hat **Geschichte**. Nie aber: Ewigkeit, nie Gegenwart.

Ich sehe dämmern: Die Welt eines durch Wissenschaft und Willenschaft größenwahnsinnig gewordenen Raubaffengeschlechtes. Immer urteilen sie. Immer wollen sie.

Sie sagen Leben und meinen Dynamik. Sie sagen Element und meinen Energie.

Sie sagen Leib und meinen Körper. Sie sagen Seele und meinen Gegenstand. Widerstände brechen, das ist der Lebensinhalt aller, die weder Leben haben noch Inhalte.

Immer **gerichtet**! Immer unterwegs. ‚Subjekt‘, eingestellt auf ‚Objekt‘. So gefallen sie sich. Und ahnen nicht, daß sie das Paradies verloren haben. Denn sie sind ausgespien aus dem Lebensschoß. Verstoßen von Tier und Göttern.

Aber hört! Die durch Wissen völlig Verdummten, die durch Wollen und Trachten **Leblosen**, die lärmenden Toten verkünden: ‚Wir **machen** das Sein! Ewig ist unser **Werk**!‘

Unser Werk?! Dort am Horizont ... seht ihr aus blauem Meere ragen: den Korallenfelsen ?

Milliarden kleiner Rädertierchen haben aus Kalk und Blut sich Lebenspanzer, Lebensgehäuse sich gebaut. Daran sind sie verblutet! Darüber hingegangen! Nun ragt der Gebirgsstock in die Nachwelt. Ein Leichenmal.

Bauen auch **wir** Wundergebirge? Und wähnen: die Nachwelt wird niederknien vor unsres Lebens Larven? Und das sei Entwicklung und Weltziel?“

•

Eusebios, still betrachtsam, hatte ein Stück schwarzen Zunders ergriffen und, indem er sinnend die Kohle ins Licht hielt, sprach er:

„Unter der Erde schlummern Schachte und Flöze ungeheurer Torf- und Kohlenfelder. Dank ihrer lebt der Mensch. Denn er müßte erfrieren in der Kälte des Weltraums, wenn er diese Reserven, diese Kohlenstoffe, nicht hätte.

Was aber ist dieses Kohlenlager? Aufgespeicherte Sonne vergangener Lenze. Dieses Stück toten Stoffes ist Frühling, der vorüberfloh. Alle Sommerwonnen von Ehemals schlafen darin.

Ich durchwanderte die Büchergewölbe der Wissenschaft. Ich sah die Speicherkammern der Kunst. Ich bestaunte die Schatzhäuser der Überlieferung. Ich lernte Werke, Worte, Werte.

Und ich begriff: Dieses alles ist nichts als das abgeblühte Leben der Vorwelt. Sein Kohle, sein Torf, sein Aschenrest!

Verbrauchte Lenze, verglühte Sonnen, verwerkte Wälder!

Totenkammern bewahren das Leben der Vergangenen, um eine künstliche, nicht mehr natürliche Sonne zuzuführen der in freudloser Nacht erfrierenden Seele.“

Epikur: „Indem ich dich höre, Eusebios, überkommt mich dunkle Erinnerung, als ob die durch eine lange Kette der Geburten weitergegebene Flamme sich langsam vermindere und erschöpfe, so daß in den Vorgeschlechtern stärkere Gierde, Kraft des Hasses und Kraft der Liebe gebrannt, blinder das Feuer getobt, heißer das Leben geglüht habe und das Menschengeschlecht mählich an den Sinnen verarmen, vernüchtern und abebben muß, so daß die immer gemehrte künstliche Hülfsquelle des Lebens: ‚der **Geist**‘, gleichsam nur Ersatz bieten kann für den schwindenden Rausch des **Blutes**, ähnlich wie Ideale und Illusionen, die schönen Einblendungen des Lebens, dem Volke Ersatz anbieten für seine arme, hoffnungslose **Wirklichkeit**.“

Die junge **Lais**, welche schweigsam hineinstaunte in die Reden der lehrhaften Männer, sagte halb spöttisch, halb dem Weinen nahe:

„Pfui! Die garstige Kohle! Werk wird, was nicht **Tat** ward. Das schöne Leben ist sich selbst genug. Ja, ich fühle es: Ein Wille ist nur dort, wo **kein** Leben ist.“

Epikur: „Wo das Leid ist, Lais, da ist das Lied. Nimm dem Buckligen den Buckel, o Lais, und du nimmst ihm seinen Geist."

Diotima: „Wir **verstehn** einander in der Sprache des Geistes. Aber unsre Gefühle sind einander fern und ergreifen sich nicht.

Je mehr wir einander verstehn, um so weniger erfühlen wir uns.

Wir klingen nun zusammen im Gemeinen, Allgemeinen. Und der Einzelne wird einsam.

Je einheitlicher der Geist, um so zerklüfteter die Seelen.

Oft schien mir die Welt der Menschen gefühllos worden, eine Welt von lauter ‚Gegenständen'. Zum Denken und zum Rechnen. Nachdem Melodie und Rhythmus hinausgetrieben sind ...

Der Erdstoff war einst jung. Blieb seine Kraft
Im Zeugen unerschöpft? Bezahlten wir
Des Lebens Wissen mit dem Leben selbst,
Zu Hirn verblaßt? Sind wir ein Geisterreich?

Es schleicht ein toter Gast in uns.
Sind wir Gespenster seiner Gruft? Und stürzen uns
Durch Haß und Liebesrausch in Schein und Schuld,
Um nur zu wähnen, daß wir lebend sind?"

Artabazos: „Wenn das Werk des Geistes **Notbau** wäre des Lebens, dann müßte für das Menschengeschlecht einst die Gefahr kommen, daß seine Werke höher wachsen als seine Herzen."

Eliesar: „Die Werke werden erdrücken: den Träger des Werks."

Klearchos: „Werden die Bauten mit Steinen gebaut, entnommen der Grundfeste, die sie tragen soll?"

Eusebios: „Sind auch die Lieder der Dichter nicht natürliche Spur der allmenschlichen Seele? Ach! Ihr Entgelt, ihr Ersatz, ihre Rechtfertigung?"

Epikur: „Schlimmer! Notausgang aller Zukurzgekommenen."

Eliesar: „An die Stelle der Schöpfer traten die Schaffenden."

Artabazos: „Und willst du erfahren, wo die Wahrheit wohnt und das Recht, dann beachte, wohin die Verlogenen, die Häßlichen sich wenden. Die Kröten setzen sich auf die Flügel des Adlers und sprechen: ‚Wozu brauchen wir **Flügel**, wir können uns ja ‚hochtragen' lassen! Wir vertreten ja ‚Kultur'. Wir haben ‚Ideale'."

Eliesar: „Wachsen nicht überall in Schulen und Hochschulen die Nichtsalskönnenden, die Nichtsalswissenden? Hocken nicht überall in Stuben und Sälen die Nichtsalswerkenden, die Nichtsalsschaffenden?"

Epikur: „Einst bildeten wir für **Götter**. Der Bildner gab sein Werk dem Toten ins Grab. Kein Auge sah es. Der Name des Schöpfers blieb ungekannt. Heute schaffen sie – für den Markt."

Klearchos: „So wäre denn Gedicht wie Gedanke nun zu **erlernen**? Wie gymnastische Kunst? Wie ein Brettspiel?"

Epikur: „Und ward nicht, was man ‚Talente' nennt, so unabhängig vom **Dämon**, daß unsre Ingenien anmuten, als hätten sie von Allem zu wenig, aber an einem Punkte zu viel: ein Überbein, eine Wucherung?"

Artabazos: „Werk auf Werk, Bild zu Bild, Rolle zu Rolle, Musik zu Musik. Wer erträgt diese Unzahl an Vollkommenheit? Jeder neue Wert entfrommt die alten. Das Schöne **massenhaft**, entwirkt die Schönheit. Zahl ist Frevel."

Eliesar: „Es kommt die Zeit, da herrscht die Larve: Der Mensch, der aus Wald und Seele Papier macht. Sie vertreten dem Geiste den Weg, wie sollten sie nicht ‚Vertreter des Geistes' heißen? Büblein, willst du Handelsherr werden oder ‚Dichter'? Wollt ihr Drama, Epos, Musik? Da habt ihr Drama, Epos, Musik. Wollt ihr Philosophie? Nun, so machen wir Philosophie. Wollt ihr Genie? Wir können auch Genie."

Epikur: „Wir ehren die Kunst, aber verachten die Künstler. Wir lieben das Gedicht, aber uns ekelt vor Dichtern. Ja, wir verwerfen auch den Weisen, wenn er etwas anders ist als: Lebensmeister. Seele ist nicht da, um vermünzt zu werden. Sei es zu Gedicht, sei es zu Gedanke. Jedes Werk ist Frevel, das nicht unmittelbar ist: Der reine Ausdruck reinen Lebens."

Artabazos: „So gleichen wir denn dem Phönix, der aus Arbeiten und Leistungen aufstapelt seinen Scheiterhaufen, darauf er sich hinlegen mag, um zu verbrennen und wieder aufzuerstehn, um dann aufs **neue** aufzustapeln seinen **neuen** Todesberg aus **neuen** Werken und Werten.‟

Eliesar: „Und was ist der Nutzen von all dem Nutzen? Nichts hinterläßt das Menschengeschlecht als Pyramiden. Das sind Grabmäler. Sie sagen: ‚Die Könige sind tot. Rings friert Wüste.' ‟

———————————

Ein leiser Wind., vom Meer herwehend, fuhr durch das ausgebrannte Feuer. Er schüttete ihnen die Aschen auf Gewand und Haar.

Sie saßen stumm um den ausgekohlten Krater. Sie saßen traurig auf Aschenresten der Flamme. Der greise Eliesar zusammengesunken. Artabazos, der Perser, hoffnungslos in die Ferne starrend.

Ein bleierner Mißmut hatte sich auf alle gelegt. Denn sie sahen die Zukunft ihrer Völker unter dem Bilde der Aloë, die sterben muß an ihrer Blüte. Unter dem Bilde des Königs, dem seine Krone zu schwer ward. Sie drückt ihn langsam in die Erde. Unter dem Bilde eines jungen Riesen, der, in ein enges Gemach eingekerkert, wächst und wächst, bis sein Haupt gegen die Decke stößt und die Stunde kündet: „Nun wird dein Wachstum: Verkrüppelung.‟

Nur der fröhliche Epikur ließ seine graublauen Augen unbekümmert auf Meer und Bergen ruhn, auf Stadt und Burg.

Als er aber sah, daß seine Schüler, angesteckt von der Zweifelsucht, keinen Ausweg erkannten und daß selbst die heiteren und leichten Mädchen schon ahnten die große Sackgasse des Menschenloses und die Unmöglichkeit glückhaften Geschichteziels, da bedachte sein mutiges Herz, daß es nun Zeit sei: den Knoten, den er an diesem Mittage geschürzt hatte, zu lösen und seiner Lehre vom nährenden wie verzehrenden Feuergotte den Ausklang zu geben.

So trat er in die leergebrannte Aschenstätte, und begann:

VOM REICHE DER MYRMIDONEN

„Gefährten! Es ist wahr! Gefährlich ist Menschenlos. Und tief ist Menschenschmerz.

Denn der wachende Gott, der uns schützt, indem er uns erwählt und herauslöst aus der Gemeinschaft mit Baum und Tier, mit Wolke und Wind, dieser naturentlösende Menschengott, ach! er zeigt uns in der fernen Zukunft sein gelobtes Land, wo Milch fließt und Honig.

Aber er führt uns in die Wüste!

Und wenn wir ihn anklagen, den Geistesgott, dann erwidert er:

‚War nicht dein **Glaube** an eine schönere Zukunft der Entgelt für verlorene Gegenwart? Hast du, Mensch, in deiner Wüste nicht meine Fata Morgana besessen: ‚**Die Ideale**'?'

Element, Drude und Dämon **waren** wir! Magisch war unsre Kraft als das Wissen eingesenkt, lag in Gedicht und Traum.

Damals wohnte dem Wünschen inne: Kraft des Verwirklichens.

Aber das Wissen hat sich losgerissen vom Phantasma.

Das Wissen wurde nüchtern. Träume sind Müßiggang.

Pan ist tot. Gott wurde Mensch!

Der Mensch trat in die Mitte!

Es kommt, es kommt die große Verköterung.

Die Verschmeißung der Erde kommt.

Es kommt das tausendjährige Reich der Myrmidonen.

Stadt neben Stadt! Ameisenhaufen neben Ameisenhaufen! Unzählige, viele!

Sie sind überall. Und überall zugleich. Sie überwinden Zeit und Raum. Sie begreifen Alles. Sie betasten Alles. Alles kriegen sie klein. Sie können Alles. Sie machen Alles. Alles entdecken sie.

Die Natur wird abgeschafft. Die zweite Natur tritt an die Stelle der ersten Natur. Die gezeugte an die Stelle der zeugenden. Eine vervollkommnete Natur für Myrmidonen.

Sie regeln ihr Leben durch Drücken auf Knöpfe.

Jedes Drücken auf einen Knopf ist eine Wunscherfüllung. Ihre Maschinen werden immer klüger. Und die die Maschinen baun, immer dümmer.

‚Die Welt wurde ‚glücklich', sagen sie, ‚denn die Wissenschaft ist das nützliche Werkzeug zur Bedürfnisbefriedigung der Myrmidonen. Und Myrmidonen sind anspruchsvoll.'

‚Was ist gut?' fragen die Massen. Und die Weisen antworten: ‚Was den **Erfolg** hat.'

‚Was ist schlecht?' fragen die Massen. Und die Weisen antworten: ‚Nur ja kein Mißerfolg!'

‚Was ist **Sinn** der Welt?' fragen die Massen.

Und die Weisen antworten: ‚So zu fragen ist ungesund.' –

Der Myrmex hat eine ‚Seele'. O wie nützlich! Der Myrmex hat ‚Geist'. O wie zweckvoll! ‚Seine Seele hat jeder für **Sich**,' sagen die Weisen, ‚aber der Geist ist Gemeingut.'

‚Jede Seele ist anders logisch', sagen die Weisen. ‚Jede Seele ist anders sittlich', sagen die Weisen. ‚Aber gemeinsam sind: Die Axiome.'

Wie lautet das Axiom der Logik?

‚Zwanzig Tröge sind mehr Trog als zehn Tröge' oder ‚Wein ist besser als Wasser.'

Wie lautet das Axiom der Sittlichkeit? ‚Größter Vorteil bei kleinstem Aufwand' oder ‚Spare an Energie.'

Wie lautet das Axiom der Schönheit?

‚Da der Myrmex bald keine Haare mehr hat, so ist Behaarung häßlich.'

Wenn der Myrmex essen will, so soll er arbeiten. Aber **wozu** arbeitet der Myrmex? Um besser zu essen! Das ist das Gesetz des Kreislaufs!

Jeder Myrmex ist Angestellter im arbeitsteiligen Glückseligkeitsgeschäfte: Erde. Aber was macht er mit den vielen, vielen Mußestunden?

Wenn der Myrmex **nicht** arbeitet, dann treibt er Sport. Und wenn er nicht Sport treibt, dann macht er Musik. Und wenn er nicht Musik macht, dann lacht er über die Torheit der Welt. Oder er fährt durch die Luft auf den Mond und freut sich am ‚Fortschritt'.

Gerne stopfen sie ihre Busen und ihre Waden mit Wattebäuschchen. Das heißen sie: Bildung.

Oder man liegt auf einem Philo-Sopha und kitzelt die Lebensgeister. Das heißen sie: Philosophie.

Sie können nicht Wunder glauben und nicht Wunder tun. Die Erde wurde ‚nüchtern'.

Die Flamme ist herausgetreten! Die Flamme ist abgedrängt! Die Flamme steht der Gestaltenwandelschau **gegenüber**.

Bald wird es keine Gestaltenwelt mehr geben.

Nur noch: ‚Welt der Gegenstände in Zeit und Raum.' Subjekt hüben, Objekt drüben!

So bleibt zurück, was **hier** übrigbleibt: Graue Asche im Wind!"

Indem der Denker so sprach, bückte er sich und füllte seine Hände mit Aschen und warf die Aschen in den Wind.

„Da fliegt die Wissenschaft! Da weht die Philosophie! Da habt ihr eure Bücher! Da seht doch eure Bildung! Das sind die Reste des verglühten Lebens!" ...

Da verhüllten die Gefährten ihr Haupt, und die Alten weinten.

Epikur ließ den Seufzern und Klagen ihre Zeit.

Plötzlich aber sprang er aus dem Aschenkreis, sein Auge glühte, er warf die Arme zur Sonne empor, und mit völlig veränderter Stimme rief er:

„Ich aber künde euch die Lehre vom Großen Ausgleich. Denn Nichts wird je wachsen ohne **Not**!"

DIE LEHRE VOM GROSSEN AUSGLEICH

„Nehmet an: Die Gemeinschaft aller Wesen sei gelockert. Nie mehr steht ‚Einer für Alle und Alle für Einen'.

Einst war der Einzelne nur der Sonderfall seiner **Art**. Einst: Jede Vielheit Vertreter eines Typus.

Nun aber gibt es keine Einheit mehr. Ein Volk? Das ist die Summe vieler Einer! Volkheit zerfällt in Atome!

Zuletzt drohen die Landschaften der Erde zu zerfallen in lauter Einzelne, deren keiner den andern liebt, deren jeder für jeden ein Wolf ist.

Wie rettet sich die Gemeinschaft vor der Wolfszeit?

Sie flüchtet hinein in die Gesellschaft.

Wie rettet sich die Nation vor dem Versondern?

Sie flüchtet hinein in den Staat.

Die Stände finden sich. Die Klassen schließen sich eng aneinander. Nicht mehr kämpft Volk gegen Volk, sondern Klasse gegen Klasse.

Schmerzbrüder aber fragen nicht nach Landschaft und Blut.

Die Sklaven der ganzen Welt werden zusammenstehn gegen die Bedrücker.

Die Bindung durch die **Not** wird wichtiger werden als die Bindung durch die Geburt. Das Ziel wird siegen über den Zufall.

Die Frage ‚Wer bin ich?' wird verdrängt von der Frage: ‚Was soll ich **tun**?' Nicht das Herz bringt die Lösung, sondern: die **Technik**.

‚Du sollst nicht stehlen!' mahnte die alte Zeit.

Aber die neue befiehlt: ‚Richtet die Welt so ein, daß keiner zu stehlen braucht!'

‚Halte das Herz frei von Lüge!' bettelte die alte Zeit. Aber die neue verkündet: ‚Wir **zwingen** die Herzen, von ihrer Lüge zu lassen.'

Das heißt: Bewußt wird Geist, die herausgetretene Flamme, verkitten (durch Bündnis oder Vertrag, durch Übereinkunft oder Gesetz, durch Zwang oder durch Gewalt), was von Natur nicht mehr zusammenhält.

Könnte nun nicht **jeder** Bau sein der Notbau?

Menschenwelt: der Ausgleich für Störung in der Natur? Wache Organisation: der Ausgleich für bedrohte Weisheit des Organischen?

Wäre dann nicht die ganze Menschenwelt und ihre **Tat** nur der große Not-Ersatz für ein gefährdetes Sternleben? Für das Leben der **Erde**? Wäre nicht die Menschenwelt: die Natur **noch einmal**?

Nur auf einer zweiten künstlichen Ebene, auf der **wachen** Ebene?

Logik ist Instinkt noch einmal.

Sittlichkeit ist Triebzwang noch einmal.

Wille ist Schicksal noch einmal.
Geist ist Seele noch einmal.

Flamme ist Wasser noch einmal.
Äther ist Erde noch einmal.

Sie sind nicht Feinde! Sie sind nicht Pole! Nein! Sie halten einander im Gleichgewicht.

Auf Gleichgewicht gründet das Sein. Das Bedrohende ist auch das Rettende.

Not ist die Triebfeder zur Abstellung **ihrer selbst**, wie der Atem unterhalten wird durch die beständige Gefahr, zu ersticken.

So sucht jeder Stern den andern Stern aus der Bahn zu reißen und hält ihn damit **in** seiner Bahn."

•

Und das war die Lehre Epikurs vom Großen Ausgleich. –

Der greise Eliesar dachte an die Überlieferung von den beiden Bäumen, und auch Artabazos freute sich der Worte, denn sein Volk lehrte seit alters den „Zehntausendjährigen Streit der **Zwei**", welche gleichwohl einander die Wage halten und ineinander ruhn als „Das Eine".

Nur der jüngste der Gefährten, der zarte Trasyllos, richtete seine großen dunklen Augen fragend auf den geliebten Lehrer und sagte schüchtern: „Aber der **Tod**, der bittere Tod?"

Und indes er dieses sagte, lehnte der Knabe die zarte Wange an den Stamm der Aloë, deren Blätter wie Schwerter sind und die sterben muß am Tage, an dem sie blüht.

Epikur aber fühlte, was die Seele seines Lieblingsschülers bewegte, und freundlich zu ihm tretend und leise die Hand auf des Jünglings Schulter legend, ergriff er mit der andern Hand den Stamm des Baumes, und leichthin, als spräche et nur für den Knaben, entfuhren ihm die Worte:

„Hier der Baumgott will unsre Flammenstunde im Mittag krönen.

Warum trägt dieser Baum so spitzig flammende Schwerter? Weil er so zarte Blüte trägt. Warum ersehnt er, jahrzehntelang wachsend, die Blüte? Weil er Voll-Endung will.

Wohin wächst der Baum? In das Licht, das ihn tötet. Dahin streckt er verlangend die Finger aus der Erde. Und spreizt die Finger zu Blättern und die Blätter zu Ästen und die Äste zur Krone. Licht will das Leben: **tod**bringendes Licht.

Ein Jedes aber wächst so hoch, wie es irgend vermag, und bedrängt dadurch alle Nachbarstämme und **raubt** ihnen das Licht. Dadurch steigern sie einander zur größtmöglichen Höhe.

Wo ist die Grenze unsrer Höhe? Die Baumgöttin spricht: ‚Ich kann nicht höher in den Äther, als ich Wurzeln habe in der Erde.‘

Mit jedem Aste, den der Baum neu zum Lichte streckt, muß er auch eine neue Wurzel treiben tief hinab in das gräßliche Dunkel.

So halten die Oberirdischen und die Unterirdischen einander die Wage.

Und auch ober der Erde muß Blatt dem Blatte **Waage** halten.

Denn wie alle Gewässer fließen gen Sonnenaufgang, so wachsen alle Bäume gen Sonnenaufgang. Aber sobald die Lichtseite überwachsen ist und die Blätter sich drängen, so entsteht an der Schattenseite der ‚Ausgleich‘: Das **zweite** Wachstum! So auch wachsen Völker von Ost nach West. Und sodann nach Osten zurück.

So sind Pole: Ergänzungen. Gegensätze: Ausgleiche.

Lasset uns daher glauben, daß der Geist nicht die Seele übermächtigen werde.

Vater und Mutter sind ja beide unser Selbst in **zwie**facher Gestalt.

Und das Feuer unser Feind ist auch die Wärme unser Retter.

Der Geist ist des Achilleus Lanze, deren stumpfes Ende die Wunden heilen muß, welche ihr spitzes Ende geschlagen hat.

Und so glaube, mein Trasyllos, daß nicht mehr Geist im Weltall da ist, als Liebe da ist.

Nicht sind Eros und Logos Gegenbrüder. Sondern Logisches und

Sittliches kann ein jeder nur grade so viel offenbaren, als Liebe und Haß sich zu offenbaren vermögen.

Meine Freunde! Glaubt nicht den Verleumdern des Lebens. Nie war das Leben um des Geistes willen da.

Meine Freund! Glaubt nicht den Verleumdern des Geistes. Nie war der Geist um des Lebens willen da.

Der Baum ober der Erde, der Baum unter der Erde. Sie wachsen nie gegen einander. Aber: einander entgegen.

Dieser Gott kann nicht näher an die Sterne heran, als seine Wurzeln dringen zu den Quellen.

Die Oberirdischen und die Unterirdischen mögen dir gnädig sein, mein Knabe.“

Als Epikur dies gesprochen hatte, ergriffen sie alle einander bei den Händen und bildeten die Kette um die blühende Aloë.

Das Hündchen aber bellte, denn es wollte **auch** dabei sein.

Die sterbende Dryas aber schüttete ihre Blüten auf die drei Alten. Über die Knaben, die Mädchen und das Hündchen.

III.

ÄTHER AM ABEND

Was quillt und stillt wird Bild.

Wir wissen nicht.

Wo wir nicht schaun. Denn Zwei ist Eines:

Aug und Licht.

Wo das Gebirge absinkt zur Hochebene, dort erhebt sich die Anhöhe aus der Mitte ebener Felder.

Von dem Scheitel der Bodenwelle aus umspannt der Blick ungehindert den Himmel und das Meer, bis weit in die Ferne, wo am Horizonte Erde und Äther sich berühren.

Es ist Abend. –

Gräser und Wiesenblumen, Hunderte von Arten, umworben von Schmetterlingen, von Bienen umsummt, überwuchern den Hügel.

Der Himmel, tiefblau, wölbt sich über die Erde. Aber vom Meer kommen herangezogen: Goldbeglänzte Wolkenzüge. Sie verändern das ruhig-klare Antlitz.

Epikur und seine Schüler, Klearchos, Eusebios, Trasyllos, und die drei Mädchen, Aspasia, Diotima und Lais, sowie das Hündchen Margo, haben sich am Hange gelagert. In Blumen und Kraut.

Zwanglos kauern die Sieben um ihren Meister. Sie blicken in die Wolken. Die Wolken wandern vor dem Winde. Blutrot will der Sonnenball niedersinken in die Umarmung des Meers.

Die Stimme des Weisen tönt wie feierliche Glocken in den Abendfrieden.

VOM ABEND

„Dies ist die Stunde des Abends: die Zusammenfassung unsres Tages!

Denn ehe, Freunde, die Welt in Nacht zurücksinkt, da versammeln sich einmal noch am Quell: Alle schönen Gestalten.

Das Getrennt-Vereinzelte will schwinden. Unterschiedlich. Denn die Götter, welche des Tages vierfachen Ring führen, haben einander befriedet.

Blicket hin nach Westen! Was seht ihr? Ihr seht den Flammengott und die Lebensspenderin Hochzeit bereiten.

Blicket hin nach Osten! Was seht ihr? Ihr seht die Erde und die Himmel verschmelzen im Kuß.

Was in der ersten Hälfte des Tages erschien als Ausgleich von

Wasser und Feuer; in der zweiten Hälfte kehrt es wieder als Austausch von Äther und Erde.

Der Kreis aber des Jahres wiederholt den Zirkeltanz der Viere.

Frühling gleicht dem Morgen, unter der Herrschaft frischer Gewässer.

Sommer gleicht dem Mittag, mit erfüllendem Siege des Lichts.

Herbst gleicht dem Abend, wo im klaren Äther jede Farbe einmal noch entbrennt.

Und der Winter endlich gleicht der Nacht, die die Seele heimleitet in die Hut der mütterlichen Materie.

Jetzt also: **Abend**! Noch einmal sehn wir am Lichtquell: Alle Bilder, alle Farben.“ –

•

„Erzähle von den Wolken, Epikur!“ bat der junge Trasyllos, „Schon als Kind bin ich es nie satt geworden, im Grase liegend, in die Wolken zu starren. Dann wurde mir die Wirklichkeit des wachen Tages traumhaft. Ich glaubte selber Wolke zu sein, dahinziehend durchs Unendliche.“

„Du **bist** es!“ erwiderte Epikur. „Das Gefühl der Heimat zieht dich hinan, den für kurze Zeit Verbannten. Es läßt dich sehnsüchtig nachblicken
dem über Wassern schwebenden Abendvogel.

Danach heißen wir: ‚Anthropoi‘; die zum Himmel Blickenden.“

Während Epikur mit Trasyllos sprach, hatten die Mädchen Primeln und Veilchen gepflückt. Dazu auch Farnblätter und Eppich. Sie begannen ein langes Gewinde zu binden, wahllos aus mannigfaltigen Blumen.

Epikur aber wob weiter am Gewinde der Worte:

VON WOLKEN UND SEELEN

„Die Wolken droben sind das Selbe, was **wir** sind: Vom Lichte aufgesogene, zu Gestalt geronnene, geheime Bildmacht bergende **Tröpfchen**: Kinder des Zeus und der Gäa. Wie aus einem Glase, gefüllt mit Wein, beständig feine Perlen aufsteigen, ohne daß wir sie sehn, so steigen aus dem Blute der Erde, aus Meeren, Flüssen und Seen, Milliarden Dampfatome himmelan. Ein Menschenauge kann sie nicht merken.

Wir gewahren sie dann erst, wenn sie sich verdichtet haben zu **Wolke**.

So auch können wir die uns umspielenden Uratome nicht gewahren. Wir gewahren sie dann erst, wenn sie vorüberwandelnd verdichtet sind zu **Gestalt**. –

Gestalt ist sichtbar gewordenes Bild!

Auch in unsrer Seele liegen Bilder alles Lebens.

Sie kommen über Nacht als wirre Träume.

Wir können die ‚Bildkräfte', die aus unsrer Seele steigen wie Wassernebel aus einem Flusse, nur wahrnehmen, wenn sie in unserm Haupte sich verdichten: zu Phantasmen, zu Gedanken.

Diesen Wolken gleich, die aus den Wassern kommen.

Ein Gedanke hält uns wach, ein Gefühl ergreift uns. Woher? Wir wissen es nicht. –

Nun wollt ihr erfahren: Welche **Macht** ballt die ‚Atome des Lebens' zu Gestalt?

Die Macht heißt: Ananke: die **Not**!

Wäre überall wohlige Wärme, lindes Licht, dann müßten die aufsteigenden Wassertropfen zu Nichts zerfließen in reinem Äther. Aber Not herrscht! Dunkel schluckt das Licht. Frost beißt die Sterne an.

Und wo Licht und Wärme **nicht** hindringen, im Kalten und Finstern, da dichten sich nun feine Seelchen zu Gestalt.

So wird der Hauch unsres Mundes sichtbar, wenn wir atmen in einen **kalten** Raum, kälter als unser Hauch.

Überall durchwaltet das All dieser Wechsel: Sichtbarwerden von Gebild; Wiedererfließen ins Unsichtbare. Je nachdem Wärme die

Gebilde lockert oder der Frost zu Geprägen **ballt**!
Jede Ballung birgt Unlust, jede Lösung: Lust.

Wie die See hier zu unsern Füßen wogt als in beständiger Wechsel von Ebbe und Flut, bald erkaltend, bald erwarmend, so wiederholt sich der gleiche Rhythmus zu unsern Häupten in dem zweiten Meer: dem Luftmeer.

Auch das Luftmeer offenbart den alten Kreislauf: Erkalten-Erwarmen.

Ja, wir können wähnen, daß die beiden Meere, das Äthermeer und das Wassermeer, zwischen denen wir im ‚Garten der Mitte‘ wohnen, einander **spiegeln**, daß sie Austausch unterhalten, dessen Mittler wir selber sind, wir Geschöpfe der Erde.

Darum erscheinen uns die Kinder der Luft und die Kinder des Meeres als einander entsprechende Gebilde auf getrennten Ebenen. Die stummen Fische sind Gegenbild der singenden Vögel. Der Ozean: Gegenbild des Äthers.

Von Wäldern und Bäumen, aus Moosen, Flechten und Gräsern, aus Bächen und Quellen, aus Kelchen der Blumen, aus dem Atem der Tiere, aus dem freien Odem der Menschenherzen strömt Sturm-Hauch in die Lüfte. Dieser Hauch der **Erde** bildet: das Luftmeer!

Nachdem er sich verdichtet hat (zu Wolken und Nebeln, Schneeflocken oder Eiskristallen), kehrt das Atma zur Erde **zurück**. Die Gebilde des Himmels lösen sich, und, die Erde befruchtend, locken sie aufs neue hervor: die Bilderwandelschau: ‚Welt‘.

So kann denn nichts auf Erden geschehn, was nicht zu Wolke wird. Und was als Wolke wandert, webt morgen neu am Gestaltenreigen.

Auch die scheinbar Leblosen: Steine und Felsen, Berge und Gletscher nehmen teil an diesem Zusammenballen und Wiederauflösen der Wolkenbilde.

Auch Steine wechseln zwischen lichtem Erwarmen und frostigem Verkalten. Sie nehmen auf das belebende Wasser. Sie geben heraus das belebende Wasser. Im großen Austausch zwischen Himmel und Erde.

Und wären die fernen Sterne Kristalle von Eis oder wären sie Stoff- und Gesteinsmasse, dann wären sie doch nichts Anderes als Vorratsbehälter des Kosmos: **Urbilder** bewahrend.

Über den höchsten Gipfeln schwebt ewiger Nebel. Auf letzten Kulmen liegt ewiger Schnee.

Aus Nebel und Schnee erzeugen die starren Giganten: leichthin tanzende Wolkentöchter. Sie flattern über die Welt. Sie singen: ‚Ich komme von den Bergen.' ‚Ich durchwandere diese Nacht.' ‚Ich werde beim Lichte mich einkörpern dem Stoff.' ‚Wir sind Abgeschiedene! Die durch den Himmel ziehn.'

Wenn der Flammengott das belebende Wasser aufgesogen hat, wenn er gesättigt-trunken ist, dann quillt das Äthermeer über und hat Flutzeit: Als Regen, als Tau, als Schnee, als belebende Frische. Und so kehrt das Lebendige neu zur Erde! Die Bilder in den Wolken werden Gebilde aus **erdhaftem** Stoff. Sichtbar, greifbar für **Sinne**.

Diese schweren schwarzen Wolken, die uns trennen vom göttlichen Licht, sind eine wandernde Herde, aus deren Eutern nährende Milch tropft. Wir müßten verdorren ohne den Austausch aus Wasserstürzen, aus Wolkenbrüchen, die der Gott, der sie aufsog, jäh entläßt und zurückgibt an die aufatmende Erde.

So tanzen Äther und Erde, tanzen Wasser und Licht ewige Reigen." –

Epikur schwieg.

Von einem heiteren Gedanken erfaßt, sprangen Trasyllos und Aspasia sowie Eusebios mit Lais vom Rasen empor und begannen, den Meister umkreisend, anmutig zu tanzen, wobei sie sich bemühten, das eine Paar den Apoll und die Thetis, das andere Zeus und Gäa darzustellen. Einander sich austauschend, schienen sie sich bald zu fliehn und bald wiederzufinden, indessen sie in den Händen die lange Blumenranke festhielten, so daß es scheinen mochte, als ob der Tanz selber an der Blumenkette wöbe.

Epikur blickte ermutigend und froh auf das Treiben der holden Kinder, bis sie, hochaufatmend erhitzt, eines nach dem andern in den Rasen sanken; dann sprach er:

„Alles Menschentreiben ist solcher Tanzreigen, webend die Girlande aus Blumen und Blättern. Blumen und Blätter sind tot, wenn unser Finger sie pflückt. So auch schwand schon das Leben, wenn der Gedanke das Leben ergreift. Zum Worte pressend.

Darum wollen wir keine Hirnweber sein, keine Richtigsteller, wollen nicht länger Trauben pressen und abziehn auf die Flasche des Begriffs. Nein! Wir wollen hier im Grase liegen und den Abend verträumen, bis Epicharm kommt mit Musik und Nacht. Wir starren in die Wolken. Ein jeder von euch möge zu künden versuchen, was er in den Wolken sieht.

Du dort an der äußersten Linken, helläugige Aspasia, erzähle deinen Wolkentraum.“

Aspasia:

„Blick' ich in die streifigen Federwölkchen, dann seh' ich weiße Schäfchen und rosige Lämmlein vorüberklingeln. Seh' ich aber über dem Meere die Hanfwolke geballt, dann erblicke ich Berge mit Schluchten und gesteilte Zacken.

Und ach! Eure Aspasia wird sich unwahrscheinlich-traumhaft.

Das Leben zerrinnt! Aber nicht schmerzhaft, wie mit jähem Rucke der Tod, der bittere Tod, unser wissendes Ich abreißt und den Faden zerschneidet. Nein, ich verblute feierlich, wie Musik verklingt. Ich versinke friedlich, wie das Kind in den Mutterarm zum Schlafen sich bettet. Ich vergleite in Abend, wie die Blume sich schließt. Ich sterbe, wie wenn ein Greis ruhig vor die Pforte tritt und das dämmernde Haus hinter sich abschließt.

Sie sagen: ‚Unser Leib soll in **Erde** zurück. Denn der große Kreislauf darf nicht unterbrochen werden. Und wie herabfallendes Laub düngt die Wurzel des Baums für das neue junge Laub, so sollen auch **wir** teilhaftig bleiben am Leben der Mutter.'

Wohl! Aber schöneren Tod zu feiern, scheinen mir jene, die in Flamme **verlodern**.

Ich preise die Weisheit der Perser, die den Leib auf Türmen

preisgeben Winden und Lüften.

Denn ich fühle: Geister sind um uns! Die Wolken sind nichts als die uns umschwebende Geisterkarawane. Lausche ich aber auf die Stimmen im Winde, horche ich nachts in den Sturm, wie es weint und stöhnt, tobt und seufzt, oh, so wird keine Wissenschaft mir je ausreden meinen Glauben: Das sind die Lieder der Gewesenen und Verwesenen. Die tongewordenen, zu Musik erlösten **Bilder** des Lebens." –

Indes Aspasia verstummend die Veilchen und Himmelsschlüssel betrachtete, die frommen Augen der Erde, blickten die andern Gefährten schweigend zu den Wolken.

Die Gewölke standen nun stille über dem Meer.

In unnennbaren Farben erglühend, erschien in ihnen eine hoch gebaute Stadt mit goldglänzenden Zinnen.

Seitab aber bildeten andere Wolken Streifen, Bänder, Dämme und Bänke. Auf den Dämmen schienen im silberklaren Äther himmlische Gestalten zu schlummern.

Epikur ergriff Aspasias Hand und sprach:

„Du erblicktest den **schönen** Tod, weil du noch angeglüht bist von der versunkenen Sonne ferner Tage. Denn unsre Vorgeschlechter meinten mit dem Worte Odem, mit Atem, Seele, Geist, Gott, ja mit den Worten Tod und Leben nie etwas Anderes als die Wirklichkeit jener Wolkengestalten: Die dahinwehenden Wesen, genannt **Eidola**, welche zeitlos dauern und deren Erinnerung oder Niederschlag die Gebilde der Erde sind, uns bewußt als die ‚harten Dinge im Raum', welche sich doch alle so bald wieder zerlösen in jene reinen stofflosen, unbegreiflichen **Ätherbilde**. –

Nun aber kommst du, mein Klearchos, und sollst uns erzählen, was du, im Grase liegend, am Himmel gelesen hast."

Klearchos:

„Es mag nur ein Menschliches sein, und für Götter dürfte es anmuten wie das hülflose Tasten eines verfangenen Falters – aber wenn ich im Grase liege, die Arme ausgebreitet und wie gekreuzigt hangend am Marterpfahle der Erde, und wenn ich, der Gekreuzigte –

ein Opfertier, gebunden und bekränzt – hinan starre in den seligen Äther, nun, so kann ich nicht loskommen von dem Gedanken: ‚Hier bist du nur dienend ein Zellchen im Leibe eines atmenden Riesen. Du blickst mitten hinein in sein riesiges Haupt.'

Denn wie über meinem eigenen Leibe sich wölbt die klargebildete Kapsel des Schädels, luftige Gedanken bergend, so wölbt sich der Himmel über dem Leihe der Erde. Luftige Wolkenbilder ziehen hindurch, den Wassern entstiegen, so wie auch mir Gedanken steigen aus dem Blut. Und also verzeiht, daß ich den Kosmos für einen ‚Makranthropos' halte, dessen Knochen die Berge und dessen Blut die Gewässer sind. Aber der Himmel ist sein Haupt, die Wolken sein Hirn. Durch das Hirn ziehn Gespinste – Gespenster: die bildkräftigen Eidola – des Kosmos **Gedanken**."

„Nicht übel!" lachte Epikur. „Darum haben die Weisen der Vorzeit den Weltäther zum Weltgott gemacht und haben aufgestellt ihre Lehre von der Schöpfung durch den Weltgeist, weil sie glaubten, Gedanken seien zeugende Kräfte und der Riese Kosmos könne seine Gedanken einkörpern in Baum und Tier, Mensch und Blume, gar nicht anders, als wie der Mensch (dem Weltwoller nachwollend, dem Weltdenker nachdenkend) nun seinerseits wieder die Bilder jener Bilder verkörpert in einem wunderbaren **zweiten** Reich, im Reiche der Kunstdinge. Also: In Bildsäulen von Helden und Göttern. In Gemälden. In Musik. In Geräten, Maschinen, Techniken. In Millionen Werken, die doch alle nur nachahmen den bilder-denkenden Demiurg.

Ja, auch ich, der Alte, will einen wunderlichen Glauben eingestehn. In meiner Jugend, droben im Norden unter bedrängteren kälteren Völkern wandernd, habe ich geschaut die weiten Haiden und die brachen Ebenen im Schnee. Und die dunklen Stuben des Winters.

Da stand ich wohl oft als Jüngling vor einem Fensterglase und blickte fremd in die gedankenschwere, wolkenverhangene Landschaft. Mein lebendiger Hauch schlug sich nieder am kalten Glas. Dann träumte ich: ‚Hier im Norden ist der Mensch: Gottvater. Jetzt erschaffe Ich neu: die ganze Welt.'

Und kräftig-bewußt hauchte ich wider das Glas. Und siehe! Im Glase erschien der Palmenwald meiner Heimat. Und es kamen: Die Blumen und die Farne meiner Kindheit. Und die Zypressen kamen, nach denen ich mich sehnte. Und alles erschien, wovon ich träumte. Geronnene Musik! Mitten inne: schöne Menschengesichte.

Ich aber dachte: Da wird sichtbar, was die Seele **birgt**. Die Musik meiner Worte setzt sich um in geordnete Form gefestigter Gestalt.

Da ahnte mir: Anders nicht entsteht die Welt: Aus beseelendem Hauch!

So verfestigt sich immer neu, wie Wasser niederschlägt zu Eiskristallen und zu kristallisiertem Gebild: die unendliche Fülle gedanklicher Kraft.

Sie wird sichtbar ein Weilchen dank des **Dunkels**. Sie verschwindet wieder im bildauftrinkenden Licht.“

Auf einen Wink des Lehrers ergriff nun den fallenden Faden Trasyllos – Epikurs Lieblingsschüler, neben ihm zur Linken.

Trasyllos:

„Ich weiß es nicht, Meister, warum deine Worte von den Gedankenkräften mich so traurig machen. Warum sie mir **unwahr** erscheinen angesichts des Himmels und seiner Wirklichkeit. Unwahr und leer.

Und ich denke an das Rätselwort des Meisters von Ephesos, jenes Sinn- und Unsinnwort, das du uns gedeutet hast: ‚Die Sonne ist sechs Fuß breit.

Du sprachest: ‚Was er sagen will, der Rätselhafteste, Trübeste, mit diesem offenkundig sinnleeren Satze, den jedes Kind belächelt, das birgt einen feinen Spott auf Wissenschaft. Er will sagen: Die Sonne, welche wir denken, ist eben – gedachte Sonne. Gedanken sind nicht das Erste, sondern ein Zweites. Und wir müssen uns hüten, eine zweitrangige Gedankenwahrheit an die Stelle unsrer unmittelbar gelebten zu setzen.

Denn doppelt haben wir **Alles**: als Erlebnis und als Gedanknis.

Ich aber, ich, der Rätselerrater, traue meinen Sinnen mehr als meinem Denken. Selbst wenn wir dort mitten in der Sonne weilten, ja selber Sonne wären, so wäre die gelebte Sonne etwas **Anders** als – – wir denken. Nicht ein mathematischer ‚Gegenstand‘, sondern: Lebendiges.

Die Sonne der Astronomie wird nie je ein lebendes Wesen tasten, schauen, fühlen, sein. Nur das **Bild**, das wir sinnenhaft erleben, hat an uns selber Anteil, und wir sind selber seines Wesens und Lichts.‘

So sprachest du, Epikur, an jenem Tage, wo du uns die ‚Zweitrangigkeit des Denkens‘ erschlossest.

Darum nun ist es mir heute zuwider, daß du die wandernden Wolken mit **Gedanken** vergleichst und den Himmel über uns mit einem denkenden Gehirn,

Es ist wahr: Das Denken ist gebunden an Dasein von Gehirn. Aber ist denn Seele gleichsinnig mit Denken?

War etwa Seelisches je an **Hirn** gebunden?

Sind nicht Träume und Bilder auch dort, wo weder Geist noch Hirn ist? Im Grase und in der Blume. Im Wassertropfen und in den Perlen des Tau! Ja! Ich fühle es … wenn ich im Grase liege und zum Himmel träume : **Träume** sind es, und auch ich: ein Traum.

Wenn ich als Knabe abends beim Elternhaus im großen Garten mich in das Heu bettete vor Schlafenszeit und ich sah die Wolkenzüge kommen: Reiter mit Rossen und Rüden, freundliche Genien mit Frühlingskränzen, feurige Vulkane, verschollene Drachen, Hydern, Greifen, dann dachte ich: ‚Nun kommen die **Träume**!‘

Die Träume, sie kommen vor Nacht dahergezogen über die Brücken und Landstraßen. Ober die Wiesen und die Gärten. Sie ziehn im Abendäther und lassen sich auf die Städte nieder. Jedes Lebendige überkommt nun sein Traum! Jedes spinnt mit am Teppich des Lebens! So grübelte ich im Grase und spürte, daß Gedanken blaß sind. Bilder nur: wirklich.“

„Du hast Recht, mein Knabe“, sprach Epikur.

„Es ist wahr: die Ketten der Gedanken sind bleiche **Nach**bilder einer Wirklichkeit, die nur in Träumen **lebt**. Und wie ein kleines Fünklein hie und da aufblitzt und schnell wieder untertaucht ins große Dunkel, so blüht das wache Bewußtsein am denkenden Tage wohl manchmal hervor und spiegelt die Lebenstraumbilde in Begriffen und spricht von ‚Atomen, Elektronen, Energie, Bewegung', von ‚Kraft und Stoff', von ‚Raum und Zeit' und spürt nicht mehr das lebendige **Wesen** und wähnt wohl gar: daß jene Sterne, welche im Himmelsgrau leise aufschimmern, ‚Stoffe' sind, ‚Gegenstände' in ‚Zeit und Raum', nicht aber: zeitlos ewige Dämonen und Götter.

Aber nicht die Gedanken unsrer wachen Tage erzeugen die Träume unsrer Nächte, sondern umgekehrt: Wovon wir selbunbewußt dunkel träumen, das **lenkt** uns am wachen Tage. Das **wird** für kurze Dauer: Gedanke: Sinn und Wort.

Dies aber, merkt Freunde, ist der Unterschied von lebendigem Leben und Nur-Gedachtem: Alles Lebendige lebt **außerhalb** von Zeit und Raum! Gedachtes dagegen, Leben **als** ein Gedachtes, tritt ein in die lineare Reihe. Gedachtes wird zu **Geschichte**: wird zur Kette der Geschehnisse oder der Gegenstände, gewoben und verknüpfbar am Leitfaden Ursache-Wirkung.

Habt ihr je beobachtet, wie **Träume** kommen? Wahrlich völlig anders als jene eklen ‚Analytiker der Psyche' wähnen, welche aus Träumen immer gerade **Das** herausdeuten, was für sie selber noch allein-verständlich, noch allein-erkennbar ist: Die Gier des Geschlechts, den verdrängten Machtwillen, die Sucht nach Geltung oder all die Millionen **Ersatzräusche** ihrer entlebten, von der Natur ins logische Bereich ausgespieenen toten Rasse – eine Welt der Ehrgeizlinge und Eitelkeitler, nichts mehr fühlend, gar nichts als: ‚Geschichte und Zeit!' Sogenannte: ‚Wirklichkeit'. –

Ach, lassen wir die Menschen und blicken, im Grase liegend, in die Wolken, kindlicher Weisheit froh.

Wie also kommen **Träume**? Gleich Wolken! Beständig einander durchdringend, kriecht Gestalt in andere Gestalt. Nun ist's Löwe, nun Burg, nun Purpurlager, darauf eine Jungfrau schläft, und nun Zackengebirge aus Schnee.

Das sind nicht wie Gedanken zeitlich-ursächlich aneinander reihbare **Ketten** mit zählbar-erzählbaren Zeit- und Zahlschnitten. Das sind nicht: Reihen aus Gliedern. Nein –! Das sind ‚Eidola', die wallend webend ineinander sich wandeln und deren Gleichnis nur Musik, nur ein Symbol zu fassen vermag, nie aber: das Denken und

Wissen, welches **angewiesen** ist auf das integrierende Zählen und Erzählen nach Raum, Zeit, Bewegung und Reihe.

So aber wie Wolken, so sind Träume! Und wie Traum, so ist (jenseit unsres wachenden Tages) **alles** Leben: Zeitloses Ineinander von Bildern, die wir nicht sehn, aber **sind**. Sie rinnen zu Gestalt, sichtbar für Sinne. Und lösen sich in Äther und Hauch.

Darum, Trasyllos, hast du richtig erfühlt, daß der Himmel dir malt das Gemälde des Wachstums; daß die deutende Kraft wachen Gedankens nur ein verblaßtes, zuletzt nur zu künstlichem Nachbilden, künstlichem Nachahmen dienliches **Gleichnis** ist jener urbildnerischen Urmacht zeitlosen Traums ohne Ur-Sache, ohne Gegen-Stände.

Denn **Gegen**-Stände vergehn mit dem Wissen. Dämonen aber dauern. Wir sind, was wir nicht **sehn**!

Nun aber sollst du, kluge Diotima, die du, kaum zuhörend, schon lange in die Wolke überm Meer starrst, uns beichten, was du da droben Geheimnisvolles erfuhrst.“

Diotima:

„Einem Zugvogel blickte ich nach, einem wilden Storch. Und ich bedachte die wunderbare und rätselhafte Gewalt, welche die Kinder der Luft, die Vögel, lenkt und sie wiederfinden läßt über Tausende von Meilen die alte Eiche im Nord, die vertraute Palme im Süd.

Oft als Kind sah ich die Lerche über dem Kornmeer. Und dachte: Dieses Weizenfeld hat Myriaden Halme. Jeder Halm ist genau wie der andere Halm. Ununterscheidbar sind die Felder. Aber irgendwo in diesem stundenweiten Kornmeer hat die fröhliche Lerche ihr kleines Nest. Und darin: junge Brut. Sie schwebt tausend Meter über den Kornwellen. Droht aber auf der Erde die geringste Gefahr ihrem seligen Neste, husch! Ist die Singerin herabgeschossen und grade an der Stelle, wo das Nest und die Jungen sind.

Wie kann sie das wissen?

Sie kann es nicht sehn. Sie kann es nicht wittern. Welche Wissenschaft ist es, die aus einer Myriade Weizenhalmen grad einen bestimmten sie herausfinden lehrt? –

Dann betrachtete ich die wanderfrohe Schwalbe, welche am Firste des Tempels nistet im Winkel unter zerbrochenem Stein. Und ich staunte, als die im Frühling gen Norden Ziehende zum Herbste wiederkam und hinter derselben Säule genau denselben zerborstenen Mauerstein wieder auffand. Und dachte: Ungezählte Städte tragen ungezählte Tempel, und alle Mauern sind die gleichen; ununterscheidbar. Und die Schwalbe findet über das Rund der ungeheuren Erde hin wieder den alten Stein, untrüglich.

Welche Wissenschaft ist es, die aus Myriaden weißen Steinen grad nur den einzigen sie herausfinden lehrt?

Dann, noch halb ein Kind, gaben mich die Eltern zu dir, Epikur. Ich kam in unser Thiasos der Freien, Frohen.

Ich verstand nicht viel von deinen Gedanken, aber ich merkte, daß sie um die Erde wanderten gleich der Schwalbe und immer das Ziel fanden, untrüglich. Ich sah, wie dein Geist über der Welt schwebte gleich dem kleinen Liederherzen Lerche und immer zurückkehrte zu dem Nest, wo die sechs Jungen auf dich warteten.

Da dachte ich: Der Gedanke eines Großen übt die**selbe** Wissenschaft, welche Schwalbe und Lerche lenkt.

Es sind Wellen im Äther, unerkannt, unerkennbar: Ätherwogen, welche Alles binden und verbinden, die auch wir Menschen mit unsern Begriffen ahnend erfassen und in Worte zwingen. Und rundum schwingt dies Lebendige und hält auch mich mitumschlossen und ich schwinge mit.

Immer ein Schritt trennt mich vom Letzten. Und wir wandern: Das Dunkel, das Lichte und Ich zu Dritt ober schwingendem Wellenmeer; schwingen so mit und finden den Heimweg.

Dies waren wirre Gefühle, wenn ich als Kind in die Wolken blickte. Aber es war mir nie gegeben, sie klar zu erfassen und in Begriffen zu deuten. Bis zu einer Stunde, wo du – es war im Heiligtum der Athene und wir hatten getanzt und ruhten im Grase – zu uns sprachest vom Wesen der **Musik**.

Du sprachest von der Lehre der Pythagoräer: Die Gestirne über uns seien in kreisender Bewegung. Und es sei nichts als bewegter **Tanz**, der den verschiedenen Sinnen, auch unsern menschlichen Zufallssinnen, sich verschieden kundgebe. Dem Ohre als Musik, dem Auge aber zugleich als wohl-gefugte edle Gestalt.

In jener Stunde blitzte in mir auf eine Ahnung der Wahrheit:

Unerkannte Wellen des Äthers erscheinen unsern begrenzteren Sinnen als Musik und Bild. Aber die Vögel des Himmels haben weitere Sinne. Sie fühlen genauer die unmerkbare Bewegung und werden ihr nachgezogen, so wie der Magnet das Eisen nach sich zieht.

Was als Bild im Liedfünkchen Lerche lebt: ‚Nest und die Jungen‘, dessen Bewegungswelle spürt sie durch alle Räume. Denn sie schwingt eben selber **in** diesen Wellen.

Und (so sagtest du) immer nur fühlen wir verwandten Dämon. Ich aber weiß wohl, daß meine Worte selber nur tastende Flüge sind zu einem Ziele, mir unbewußt.

So wie die Schwalbe immer sucht den alten Mauerstein. Das bist **du**, unser Lehrer.“

Da lächelte der Meister und legte sorgsam die Hand auf die glühende Stirne des Mädchens.

„Ja,“ sprach er, „Diotima, auch **deine** Gedanken sind Wellen im All, unvergänglich wie jede Bewegung. Denn Jede war Jedes. Jedes mündet in den Strom.

Ein jedes Sichtbare will Auge, um gesehn zu werden. Ein jedes Hörbare will Ohr, um vernommen zu werden. Jedes kehrt zur **Heimat**.

Der Klang sucht den Klang. Und der Duft den Duft. Und jede Welle wird aufgenommen von verwandter Welle.

Ihr aber vergeßt nicht, daß jeder Gedanke mitzeugt in Ewigkeit. Und daß auch Überzeugungen – Zeugungen sind.

Wie sollten wir Schmutziges denken? Wie Häßliches suchen? Wie Niederes tun? Da wir Alles bleiben, was wir **sind**. Da wir alles, was wir sind, **ewig** sind! ...

Nun, Eusebios, bist du uns schuldig deinen Wolkentraum.“

Eusebios:

„Wenn du, Epikur, der Meinung bist, daß Alles, was auf der Erde atmet, empor muß an den Himmel, dann eine Weile durch ewige Felder zieht und schließlich zurückkehrt zu Wiedergeburten auf die bittere Erde, so finde ich in deinen Worten Rechtfertigung eines Spiels, das ich schon als Knabe mit Wolken und Winden gespielt habe, und ich nannte es: ‚Ich träume Weltgeschichte!'

Alles und alle, was je auf der Erde getobt, gelärmt, gelitten hat, Ninives und Babylons unzählbare Scharen. Pharaonen und ihre Völker, Cäsaren und ihre Legionen, die Weisen und die Narren, die Sklaven und die Despoten, die Lieblichen und die Verzerrten ... **alle** ziehn da droben am Himmel und schlagen noch einmal ihre alten Schlachten, gründen Städte, verbrennen Städte, hassen, lieben, hetzen ihr Wild oder werden gehetzt.

Alles Das hat geprahlt, geredet, sich wichtig genommen, sich aufgebläht, sich gefühlt als **Mittelpunkt**. Wo sind sie nun?

Ich aber im Grase unter den stillen Blumen sehe Marathon und Salamis, die Heldenfahrt der Argonauten, das brennende Ilion. Dort kommen Homer und Hesiod. Helena schwebt ewig über die Länder und Achilleus steht ewig im Männerkampf."

„Sie kehren **wieder!**" sagte ruhig Epikur. „Es gibt keinen Sinn, es gibt kein Ziel, denn es gibt keinen Untergang. Morgen läßt ein neuer Tag dieselbe Sonne sehn.

Im Frühling wird die Erde jung. Und es ist doch der alte Garten.

Der Baum dort am Wege ist derselbe Baum, unter dem Deukalion saß. Und die Amsel auf seinem Ast sang schon, als Theben prangte und Ilion brannte. Es sind immer die alten Samen aller Dinge, die in andern Dingen wandelnd wiederkommen. Und jedes sagt: ‚Ich!' und jede fühlt: ‚Mit mir **beginnt** die Welt.' Und keines doch ist etwas Anderes als zeitlicher Leib für zeitlosen Traum. Nicht anders wie Wolken dort wandern im Wind: **Dämonen** sind es."

Klearchos: „Es deucht uns Reihe, aber es ist nur Kreis. Nur von Uns aus oder zu Uns Hin ordnet sich Natur in: Geschichte. Mit Anfang, Fortschritt, Ende.

Aber in Wahrheit ist Alles, was je gewesen, immer auch irgendwo wieder neu. Und Alles, was möglich ist, das ist auch wirklich.

Du sagst: ‚Es ist Abend!' Aber am jenseitigen Ufer, wo die für uns untergehende Sonne aufgeht, sprechen die Seelen: ‚Es ist Morgen!' Du sagst: ‚Frühling kommt!' Aber am jenseitigen Pole sprechen die Seelen: ‚Jetzt ist Winter kommen.' "

Eusebios: „Die dort sichtbar werden für **Augen**, die Dämonen, sie werden auch tönbar für Ohren. Denn was mir als Gesicht zuteil ward, ‚der Zug der Weltgeschichte', die Völker und Helden, die Züge aller Tiere, die Gewinde aller Blumen, eben das Selbe scheint auch dem **Ohre** sich zu künden in der Sprache des Äthers: **Stürmen und Winden**.

Es klagt und weint in Kaminen, ächzt, schaudert, stöhnt in den Schloten, bettelt und buhlt in den Birken, grollt, grimmt, grämt sich im Wald, lispelt, schmachtet ... ja, was **ist** Das Alles?"

Epikur: „Hast du gemerkt, mein Eusebios, daß jedwede Landschaft ihre andere Windstimme hat, daß jedes Gelände andere Ätherklänge verkündet? Wirbelstürme, Zyklone, Fallwinde in den Steppen und Alpen. Wüstenwinde Arabiens, Ägyptens, Samum der Sahara. Die Sonnenböen wie Luftsäulen rasend durch hohen Kamin. An des Stoßes Spitze, dort die Haufenwolke. Dann wieder Frühlingswinde, mir Fieber ins Blut ätzend. Winde mit Eis, das Herz versteinend. Möge nun unser Wissen ergründen, wie Jedes entsteht, Leben und Wesen kennt nur der **Dämon**, von Sprache verwandten Dämons berührt."

Aspasia: „Die Eltern sind es, sind ferne Geschwister! Es ist Sprache wie **unsre** Sprache, wenn der Wind der Weite singt und der Wind der Talmulde und der Wind vom Berge. Wenn das Stöhnen knarrt im Nord aus den Eichen, jahrtausendealt. Wenn die Lüfte spielen auf Harfen der Wettertanne. Wenn der ganze Wald erbraust im Chore. Aber am schrecklichsten ist es auf dem Meere in den sieben Nächten vor der Geburt. Das ist, wie wenn Wasser drängen vor zu enger Pforte. Wer kommt hindurch? Wer bleibt zurück?"

Epikur: „Wer Das in Menschenworte übersetzen könnte, der kündete: Seele der Welt. Aber was treibt da unsre Jüngste? Lais! Sie tollt über die Wiese mit dem Hündchen. Höre, Lais! Du und das

Hündchen ... was wißt denn ihr von den Dämonen um euch, über euch? ..."

Lais hatte einen Löwenzahn gepflückt, welcher abgeblüht, stolz seine Frucht trug: eine zierliche Haarkrone aus wolligen Federchen. Blies sie dagegen, so segelten die dreieckigen Luftschiffchen feierlich durch den blauen Raum.

Auf den Zuruf Epikurs stellte sich mutwillig die Lachende vor die Gefährten und pustete die Federkähnchen von dem hohlen Stengel, als wollte sie künden: „Seht! Da fliegen die Dämonen! Da segeln die Helden. Und die Legionen. Und die große Weltgeschichte!"

Epikur, lachend auf das holde Kind blickend, das sich eifrig mühte, auch das letzte Federkähnchen von dem Blütenstengel herunterzublasen, sagte freundlich:

„Du, Lais, hast nichts gesprochen und bist doch die Weiseste von allen. Denn du hast uns mit deiner Atemkraft hingewiesen auf das **wahre** Geheimnis der Wolken."

Nach einer Weile richtete er an Klearchos die Frage: „Ist es nicht wunderbar, daß wir und die Tiere leben vom Atem dieser Blumen und Pflanzen und daß die Bäume und Pflanzen hinwiederum leben von unserm Hauch?"

Klearchos: „Ist vielleicht Alles ein einziger Austausch von Odem? Der Äther aber, der lebendige Gott, ewiger Windstrom durch Milliarden Gestalt?"

Epikur: „Müßte dann nicht Einer, der die Macht hätte, diesen Kreisstrom zu unterbrechen, das Sein selber zur **Ruhe** bringen?"

Klearchos: „Beginnen nicht alle Magier mit dem Beherrschen des Atems?"

Epikur: „So läge also das Geheimnis des Äthers im Atem? Daher nennen wir ‚Mystik', ‚Verschluß': die Gabe: ‚Abzustellen den Strom'."

Eusebios: „Wenn also an einem Punkte der Austausch versagt, so schwiege das Sein?"

Epikur: „Altes Weistum raunt: ‚Bringt ein Einziger von Innen **Ich** zum Erlöschen, dann steht Ixions Rad.' "

Klearchos: „Warum, wenn das Ich ertötet ist, lebt das Es fort?"

Epikur: „**Was** kannst du töten? Das Ich! Was ist das Ich? Der blinde Fleck, an dem du **nicht** siehst. Der tote Punkt im Gefälle, wo du **nicht** strömst.

Unser Leben im Ich ist ein frevelhaftes Sichablösen. Das wird gestraft. Der Tod ist der Sold dieser Sünde. Schritte aber wirklich durch Uns der Odem des Seins, so wäre jede Veränderung in Uns auch Veränderung im All. Und **unser** Erlöschen: Allerlöschen."

Eusebios: „Wenn aber jedes Einzelne auslischt, warum soll dann nicht auch Alleben enden ?"

Epikur: „Weil Einzelsein **gehemmter** Atem ist, also: Schmerz. Alleben aber ist Lust. Und Lust: ewig."

———————————

Von dem Felsen am Meer trug der Wind den Klang einer Flöte. Es war eine sanfte Hirtenweise, über die Wasser schwebend und durch den blauen Äther: sanft klagende Melodie.

Lais sagte: „Das ist Epicharm. Er gibt uns ein Zeichen."

„Horch!" sprach Trasyllos, „er spielt auf dem Felsen die alte indische Weise."

Sie lauschten. „Sie gibt die Lösung für unsre Fragen, die Stimme des Abends; das Lied vor der Nacht."

„Es sind die Gesänge der wandelnden Wolken, ich kenne die Worte", sprach Aspasia leise:

„ ... Wo das letzte Licht seine Strahlen hat
Hinterm Rande des rötlichen Saums,
Kennst du die Zinnen der Gnadenstadt
Hart an den Ufern des Traums?
Wo der Sträfling schüttelt die Kette ab,
Wo des Kranken Wange blüht rot ...
Wir aber wehe Uns! wir Wachenden wehe uns!
Stets dröhnt im Hof die Trommel vor Tag:
‚Komm zurück zur sehnenden Not!' "

Sie lauschten lange in den Abend. –

„Ist denn die Seligkeit", fragte versonnen Epikur, „ein Nicht-mehrwissen, Nichtmehrwollen? Lockt uns der Abend so tief in den süßen Tod?

Seht die Sonne! Sie verströmt ihr Blut über die Schneeberge: Gott, der dahingeht und durch sein Blut erlöst.

In Wolkenschiffen fahren sie hinab: Zeus, der die Ägis schwingt, daß die Sterblichen zittern; Apollo, dessen goldene Pfeile den nacht-geborenen Drachen erlegten, Athene, waffenklirrend aus dem Haupt des Kroniden entsprungen; Hermes, aus dämmernder Höhle die Sonnenstiere beschleichend; stillhinschwebende Wolkenschiffe tra-gen sie dahin; und die Sehnsucht schickt ihnen nach ihre Tauben."

In grellen Tönen, brandrot und schwefelgelb, glühte nun der Himmel. Weißes Gewölk verschied im letzten Blau. Das Sonnenrund hatte das Wasser erreicht. Ober den kahlen Felsenbergen im Ost schwamm der Mond herauf. Aus Nebelmilch traten die Sterne.

„Wir aber," sprach Aspasia in das letzte Rot, „wir müssen wachen."

„Wo das letzte Licht seine Strahlen hat,
Eh dich verlassen der Schein,
Blicken du darfst in die Gnadenstadt,
Aber du kannst nicht hinein,
Wir schleppen verbannt vom schützenden Wall
Lichtsucher uns, bis in den Tod,
Stets dröhnt im Hof die Trommel vor Tag:
‚Komm zurück zur sehnenden Not!' "

Diotima: „Wenn die Sonne schwand, läuft ein Zittern durch die Berge. Das Meer schwillt empor. Die Wurzeln, die Bäume beben: der Sonne nach!"

„Hört die Trommel! die Trommel!" rief Epikur. „**Was** ruft sie? Marschiert! Vorwärts, Kolonne! Es gilt zu wachen, gilt zu wehren. Es gilt, zu bewahren das Rückgrat der Welt. Sehe ich die sinkende Son-ne, so sehe ich den rollenden Wagen. Das Leben ist Rennbahn. Wir rollen zum Ziel!"

Klearchos: „So meinst du, daß Gestirne Götter sind, denen wir nach trachten, unser Los erfüllend, unter ihrem Gebot?"

Epikur: „Was wir sind, danken wir Sternen. Und nichts je wird die Menschheit erfinden und richten, was nicht Nachbild wäre der Bilder ihrer Sterne. Wir hätten keinen Wagen, wenn nicht das Sonnenrad rollte. Und keine Sichel mähte unsre Saat, wenn nicht die Mondsicheln mähten.

Vielleicht erobern wir nachbildend Alles, was in Wolkenträumen zum Werden schreitet. Denn Menschenwelt ist Natur **noch einmal**! Das Schiff ist der Fisch noch einmal! Das Flugzeug ist der Vogel noch einmal! Das Beil ist die Faust noch einmal! Der Rechen ist der Finger noch einmal! Der Napf ist die Hohlhand noch einmal! Der Blasebalg ist die Lunge noch einmal! Der Schrank ist der Brustkorb noch einmal! Der Stuhl ist der Hockende noch einmal! Wir erfinden nicht; wir finden. Mögen die Dämonen uns gnädig sein."

Die Musik auf dem Felsen verstummte. Aber das silbergeglättete Meer begann zu leuchten. Und zugleich begannen die kahlen Felsen zu glühn. Da erhoben sie sich aus den Gräsern und bildeten ein Gewinde gleich Blumen, indem sie einander die Arme um den Nacken legten, und so, leise singend, halb wie Kinder, halb wie Bacchanten, schritten sie still entgegen der Nacht.

IV.
ERDE UND NACHT

Ich lehr Euch ehren
Grauens dunkle Pforte.
Denn von den Wonnen der Erkenntnis kehren
Sich die Gedanken um und unsre Worte.

Am Fuße des Berges, der im Volksmund „Wiege des Zeus" genannt wird, liegt der Eingang zu den Höhlen, von welchen die Über-lieferung raunt: Hier sei die Pforte zu den Gefilden der Nacht. –

Einmal in jedem Jahre pflegte Epikur diese Höhlen aufzusuchen mit seinen drei Schülern Klearchos, Eusebios, Trasyllos und mit den drei Schülerinnen Aspasia, Diotima und Lais und dem Hündchen Margo. Dazu diente ihnen als Führerin ein blindes Mädchen mit Namen Chloë, welche, in den Ordnungen des wachen Lichtes eine Fremde, sich in diesen unterirdischen Grotten wohl auskannte.

In einer warmen Mittsommernacht voll klarer Sterne waren sie aufgebrochen, hatten auch den Eingang zu den Höhlen bald gefunden und waren durch ein Labyrinth enger Gänge in einen gewaltigen Saal von Stalaktiten gelangt, an dessen Decke und Wänden die wunderbarsten Steingestalten hingen: Gesichte und Bilder aus Kalkstein, in Jahrtausenden zurückgelassen vom Wasser, das durch die Felsen tropft.

Chloë, die Blinde, schritt voran mit einer Fackel, indem sie langsam den Weg ertastete, gleich einem forschenden Menschen, der in unerkannte Gebiete eindringt; er geht nicht regelrecht, nicht gradaus, sondern leuchtet mit seinem Lichte bald hierhin, bald dorthin, in jeden Winkel und in jedes Eckchen, bis endlich das schwere Dunkel durchlichtet ist und die fremde Welt ihm vertraut ward.

Dann befestigte die Blinde die Fackel in einer Spalte zwischen dem Gestein, und alle lagerten bequem in einer Grotte, welche Buchten und Mulden bot zum Liegen und Sitzen.

Vor ihnen befand sich unterirdisch ein Wasser. Es schien aus Kohle geronnen zu sein. Schwarz und eben. Es starrte sie an wie das blinde Auge der Erde. Epikur mit gedämpfter Stimme, die aus den Nischen der Felsen erwidert wurde, begann den Schülern zu erklären:

„Wie bei den Völkern im fernen Osten die Satzung herrscht, daß die Nabelschnur, durch welche das Kind mit der Mutter zusammenhängt, in silberner Kapsel verwahrt und im Tempel niedergelegt wird, so haben wir diese eine Nacht auf der Höhe des Jahres dafür bestimmt, uns immer des Bandes zu versichern, das uns, die für kurze Zeit zum Lichte Entlassenen, auf ewig zurückknüpft an ,Die Dunkle Mutter'.

Denn Menschenleben ist nichts als ein Blitz aus dem Dunkel. Ein noterwecktes Fünklein taucht für einen Augenblick aus den Grüften. Blitzt ein deutendes Wort. Und ist schon wieder gefaßt vom Abgrund. Verschwunden und eingesenkt in die mütterliche Nacht.

Ihr wißt, daß in der Grotte zu Eleusis die Sarkophage stehn, darein die Mysten sich legen, gewürdigt der Geheimlehre des im Glutrausch Zerstückten. Ewiges **Schweigen** ist geboten Dem, der die Weihen erfuhr." –

Als Epikur dies gesagt hatte, brachte das jüngste der Mädchen, Lais, ein goldgelbes Laib feinen Weizenbrotes.

Trasyllos ergriff die Hand der blinden Cloë, und diese führte ihn in eine seitliche Höhle, wo leise rieselnd von den Wänden ein nie entweihtes klares Wasser floß, welches „Bronnen des Lebens" genannt wurde. Sie füllte mit diesem Wasser ihren schöngehenkelten Krug. Dann kehrten sie zurück zu den Freunden. –

Epikur: „Wir sind nun bei der Mutter zu Gaste und wollen ihr Brot brechen."

Jeder brach von dem Weizenbrote eine Scheibe; indem sie aßen, sprach jeder einen dankbaren Spruch.

Aspasia:
„Wir haben, schaffender Hand,
Das Korn in die Nacht gesenkt.
Uns hat das hegende Land
Des Brotes Früchte geschenkt."

Eusebios:
„Wir selbst sind harrende Saat,
Wir blühn ins Leben hinein

94

Zu rechtem Werk und Tat. –
„**Licht**! Gib dem Korne Gedeihn!"
Klearchos:
„Wir brechen das Brot mit frommer Hand,
Das wir mit Fleiß uns erwarben,
Wir denken an unser Heimatland,
Wo noch Tausende Tausende darben."

Epikur: „Die Mutter, unser täglich Brot schenkend, verkündet:
,**Dieses ist mein Fleisch!**' "

Jeder nahm nun aus dem Korbe einen Becher und ließ ihn von
der Blinden füllen mit Wasser aus dem „Bronnen des Lebens".

Diotima:
„Seele, darein aller Seelen münden,
Spüle hinweg dieses Staubes Sünden."

Trasyllos:
„Blut der Erde, reine kristallene Flut,
Tränke die Herde, lösche die Glut."

Lais:
„Wasser, geliebtes Wasser du, reine Frau,
Daß ich in dir mein klares Antlitz schau'."

Epikur: „**Denn dieses ist mein Blut!**"

•

Indem sie das Liebesmahl mit heiliger Freude nahmen, er-
läuterte Epikur:
„Das Brot aus feinem Weizen ist edelster Auszug aller Sonnen
und Erden. Aus wilden Gräsern haben wir das heilige Korn erzogen.
Haben den Schoß der Mutter aufgerissen mit der Pflugschar. Haben
Samen gestreut. Sonne, Mond, Winde und Wolken haben das Feld

gesegnet. Die Sichel klang. Der Erntekranz ward gebunden. In die Scheuer kam das Getreide. Der Halm ward gedroschen. Vom Spelte gereinigt. Korn ward gemahlen. Das Mehl gebacken. **Ertrag alles Schweißes und Fleißes ist das Brot!**

Dieses Wasser, das reinste der Erde, ist von den Bergen selber durchsiebt. Es ist geflossen durch aller Herzen. Durch alle Adern der Welt. Die Berge und Felsen sind sein Niederschlag. Nun ist es befreit von Staub und Stoff. Es blutet für uns als das **reine Blut des Lebens**. Von allen Spuren des Aus- und Abgeschiedenen erlöst.

Die Erde gab uns ihren Laib, damit wir auferbaun das Bild der reinen Menschenfrau.

Die Erde gab uns ihr Blut, damit wir auferbaun das Bild des göttlichen Übermannes ...

Sagt, Kinder, warum essen und trinken wir?"

Klearchos: „Um des Lebens willen essen und trinken wir. Denn das Geheimnis der Welt ist: Gestaltenwandel. Eines soll das Andere einverleiben."

Eusebios: „Darum erscheint der Essende verwandt seinem Gegessenen. Darum wird ein Jeder, was er ißt. Das erbeutete Tier und das erbeutende Tier sind aufeinander bezogene ‚Zweiheit in Einem'. Sind ‚das Eine von Sich Selbst Verschiedene'. Sind ‚das Sich-Wechselweis-Verschlingende'. "

Epikur: „Ihr seid auf der Spur des Geheimnisses, welches nichts Anderes ist als: Mysterium der Nahrung."

Trasyllos: „Töten wir nicht, indem wir nähren?"

Epikur: „Warum?"

Aspasia: „Menschen trinken und essen nicht, um Gestaltenwandel zu erneun. Der Mensch **baut**!"

Epikur: „Aufbilder kennt der Mensch, indem er aus Bilderwandel Bilder **sichtet** ... Götter baut der Mensch.

So töten wir um des Gottes Auferbauung willen. Leben überführend in das höhere Leben. Und den Fluch der Vielheit **heiligend**.

Um der Götterwerdung willen nehmen wir das Abendmahl. Wo aber Einverleibung ist und Einswerdung, da auch liegt das Geheimnis der Zeugung. "

Klearchos: „Das Tier muß zeugen, der Mensch will **über-**zeugen."

Eusebios: „Das Tier muß fortpflanzen, der Mensch will empor-pflanzen."

Epikur: „So haben wir die Nacht gewählt, um uns zu erinnern unsres Dienstes am Leben. Das aber ist der wachende Dienst am Urbild."

Aspasia: „Schöne Kinder zu schenken, dafür sind wir bestimmt: Jede ist Durchgang."

Epikur: „Wir geben dem Brot die Gestalt des weiblichen Schoßes."

Trasyllos: „Klar und einfach sind die Worte, und doch wohnt in jedem das Geheimnis."

————————————

Epikur nahm zart die Hände der jungen Chloë und küßte des Kindes blinde Augen.

Die drei Knaben nahmen die Hände der drei Mädchen, und nachdem sie Wasser und Brot getauscht hatten, küßten sie einander. Es war ein Schwur.

Von den Wänden der Höhle tropfte das singende Wasser. Aus den kristallenen Wänden lugten dunkle Gesichte. Ein Summen und Raunen durchglitt den Berg.

Unstete Schatten warf die Fackel.

Die Blinde begann zu sprechen. Ihre Stimme kam von Weither:

„Ich sehe die Scharen am Quelle der Mutter. Ihre Münder begehren Blut zu trinken. Dann können sie wachen und reden."

Epikur: „Der wachende Mensch muß sie erlösen."

Trasyllos: „Schatte unter Schatten, wie kann ich sie zum Worte erlösen?"

Eusebios: „Seht ihr die Gesichte ragen aus dem Fels? Da sind sie: Die Gebannten, die Festgeronnenen. Vom Leben ausgeschieden! abgeschieden!"

Diotima: „Es ist das Geheimnis des Bildners, daß er die Gesichte aus den Steinen herausschlägt."

Epikur: „Alles Leben ist im Stein."

Chloë: „Ich aber sehe die Bilder in meinem Innern."

Epikur: „Denkt an sie, wenn wir aus dieser Gruft zurückkehren ins Licht. Sie harren im Stein. Denn im ewigen Sein ist nicht Zeit. Zeit ist nur, wo das **Wollen** erwacht. Sie harren auf Zeit."

Lais: „Ich will immer an Euch denken."

Epikur: „Wenn wir die starrgewordenen, aus dem Strome des Lebens ausgeschiedenen Larven zurückbetten in die Erde, dann sagen wir: ,Grab und Verwesung.' Es sind Worte, die den Tätigwollenden schrecken und ängsten. Aber wir, die das Geheimnis durchschauen, sagen: ,Schoß und Saat.' Denn jede Beilegung zur Erde ist der feierliche Eingang zu Zeugung und Wiedererzeugung. Gleichgültig ist es, ob wir das Grab nennen unsern Mutterschoß oder den Mutterschoß unser Grab. Wir kehren im Tode zurück nach einem kurzen Lichtblick in **den** Zustand, darin wir seit Jahrmillionen gewesen sind und darinnen wir auf Jahrmillionen verharren. Zwischenhinein wird, bald hier, bald dort, das Fünklein ,Zeit' und ,Entwerden' wachend erglimmen.'

Lais: „Bin auch ich nur Samenkorn, Epikur?"

Trasyllos: „Ist auch mein Blühn nur Sterben, Epikur?"

Epikur: „Gute Blüten, meine Kinder. Ihr entfaltet euch in das Weite. Die Entfalteten kehren froh ins Innige zurück."

Trasyllos: „Du willst sagen, Meister, Leben sei **Entgleiten**. Dann aber, wenn die Gestalt ihre Möglichkeiten ausblühte, so kehrt sie zurück in das Sein. Und was wir Altern und Sterben nennen, ist das Wiedereinrollen in den Mutterschoß, darin wir wachsen, Keime in der Hut der Scheide."

Klearchos: „Dessen zum Gleichnis zeichnete die Vorwelt auf Gräber: die Spirale. Betrachte sie vom Mittelpunkte fortgleitend in den Raum, so fühlst du das Lebendig-Entfaltete aufbrechen aus dem mütterlichen Kern. Betrachte sie aus dem Raume einlenkend ins Innere, so scheint ein männlich-strebender Wille zurückzukehren in das süße Glück der Ruhe."

Epikur: „Mancher aber muß zurück, bevor seine Möglichkeiten sich ausblühten zu Gestalt. Die Erde ist gepflastert mit niemals ausgetragenem Haß, mit niemals ausgegebener Liebe. Mit hohen Hirnen, mit heiligen Herzen. Sie hinterlassen keine Spur! Denn auf den **einen** Keim, der sich erfüllt, kommen hunderttausende gleich Einzige, zwar ausgewählt, aber nicht berufen."

Trasyllos: „Ich weiß ..."

Die Fackel glomm trübe. Nacht umgab sie. Da schien der Felsen in Fleisch und Blut zu erglühn.

Aus der hinteren Kammer leuchtete deutlich ein Silberstreifen Quarz.

Die Blinde ergriff Epikurs Hand. Sie führte ihn zu einer Felsenspalte, daraus schien das Licht zu kommen.

Sie schritten durch eine blauschwarze Finsternis in eine zweite Höhle. Sie schienen in Nebel zu schreiten, aber plötzlich standen sie in magischem Glanz. Pyramiden und Säulen aus Bergkristall schimmerten in mattem Blauweiß. Erstaunt starrten sie auf das Wunder.

„Der Stein hat in die Finsternis sein Licht **entlassen**", sagte die Blinde.

Epikur: „Die Sehnsucht der Nacht ergriff den goldenen Strahl. Sie hat ihn gespalten, hat ihn gebrochen. Nun muß sie ihn ausglühn in siebenfältigem Zauber.

Es sind die vorbedeutenden, vorgeahnten Gestalten zu den **Oberen** Welten. So auch taucht in der Schlafhöhle der überwachte Geist neugeboren in sich selber zurück. Fernab dem mörderischen Tagesstrahl."

Sie traten nun in die milchweiße Finsternis.

Nacht schien durchlichtet von wunderbaren Farben. Die Kristalle aus den Wänden schillerten bald blau, bald violett. Dann wieder rötlich in glänzendem Schwarz.

Epikur: „Eingebettet in Kristalle schlafen im Erdschoß: Metall und Erz. Rätselhaft rütteln sie die Seele auf, wenn sie in den Lüften **Sprache** gewinnen: Als schmetternde Trompeten. Als klirrende

Becken. Als männer-mordende Eisen. Als Glockenklänge über Flur und Wald. Krieg und Arbeit, Saat und Gebet schlafen in den Erzen. Aber deutungnäher kommen sie dem **Auge**, wenn die Säfte des Lebens auch **unter** der Erde zu Bildern werden. Das Liebesfeuer der Rosen und die Unschuld der makellosen Lilie liegen in Erzen und Steinen. Sommerglut und Herbstgold kehren wieder in Beryll und Opal. Und das Blut brennt in Granaten und Porphyren. Es sind die gleichen Bilder, welche auferstanden droben im Lichte wandeln. Derselbe Blumengarten blüht auf der Feste wie in den Tiefen des Meeres. Und als Sternensaat an allen Himmeln."

Trasyll: „Führe uns durch die Kammern der Mutter!"

Epikur: „Alle Bilder grüßen euch: Blumen und Sterne. Gebrochene Menschenaugen, zerfallene Menschenhirne. Alle Gefühle, alle Gebete der längst Vergangenen. Sie leuchten und tönen."

Da knieten die Kinder nieder.

Die Blinde: „Meine Augen sind im Stein. Meine Augen brechen als Veilchen aus der Erde."

Epikur: „Jede Handvoll Erde, uns durch die Finger gleitend, birgt das Herz Antigones und Platos Herz. Jeder Kiesel ist Hirn von Prometheus und Tiresias Hirn. Einverleibt sind die Bilder den mütterlichen Stoffen.

Aus den kristallenen Wänden brach ferne Musik. Längst verschollenes Lachen und Träne. Die Seufzer lange Vergessener wurden **Lied**.

Sie lauschten innig der Musik der durch die Berge ferneher brechenden Gewässer. Dann sprach Epikur den

GRUSS AN DIE BILDER

„Du ewigruhender Felsen mußt auferstehn in der saugenden, sinnenden Pflanze, die von Erde und Mineralwelt lebt.

Du festgewurzelte Pflanze erlangst Bewegung im wilden, strebenden Tier, das von Pflanze und Pflanzenodem leben muß.

Im Menschen aber ersteht das Urbild zu raschester Bewegung

der **letzten** Lebendigkeit, zu Geist.

Dann ist der Kreislauf erfüllt! ...

Durch ungeheuren Druck der Schwere gepreßt, durch ungeheures Erleiden auskristallisiert zur reinen Form treten aus Grüften hervor: Die Lebenserinnerungen der Vergangenen. Das sind Vorträume der Kommzeit.

Festgebannt sind die Blumen und Blattformen der Gärten und Wälder. Das sind die Gesänge und Wandelgänge der Gestirne. Festgeronnen: Menschenwelt und Weltgeschichte."

Da ergriff die Blinde Epikurs Hand. Sie tasteten weiter durch Gewirre von Gängen, bis sie in die dritte Höhle kamen. Die war schwarz, und es schien, als ob sie einen Garten trage aus Kohle. Ein schrecklicher schwarzer Baum ragte ins Undeutbare. Seine Wurzeln waren nach oben, seine Krone nach unten gerichtet. Eine dunkle Frau lag tief schlafend unter dem Baum.

Sie sahen die Schlafende, dämmernd in losem Umriß.

In verehrendem Schauder schwiegen sie. – –

Sie traten den Heimweg an.

Sie glitten durch ein neues Labyrinth. Da befanden sie sich wieder in der Tropfsteinhöhle, wo die vertraute Fackel treulich auf sie wartete.

Da erst sprach Epikur einen

GRUSS AN DIE MUTTER

„Rühmen will ich die Werke des Tages und den klaren wachenden Geist. Preisen will ich den Äther und das Licht, aber zutiefst gebunden sind wir an Dich, Mutter, in der Höhle des Traums.

Himmlischer Schlaf, du entknotest die geballte **Schwere**. Du lösest die Fesseln: Geburt und Zeit. Du führest zurück in die Seligkeit des alten Todes. Und Schmerzen unsrer Jugend, Enttäuschungen des Mannes, die vielen Qualen des langen Lebens, unsre Laster, unsre Verbrechen folgen uns nach als sanfte Träume, weiterglimmend im alten Stoff.

Licht wird gemessen an Zeit und Zeit an Licht. Aber die Nacht ist unermeßlich-unendlich."

Klearchos: „Wenn ich das Wort dieser Nacht verstanden habe, Meister, so ist Tod ein Ewiges Sein. Unsere Wachzeit aber im Sonnenglanz ist die kurze Wendung der Seele auf sich selber. Ist: Selbinnewerden."

Epikur: „Nicht der Seele, mein Klearchos, wohl aber des **Lebens**. Denn Leben hat auch der Kiesel; Seele aber ist in ihm nur so weit, als Erinnern in ihm ist, das aber heißt: **Bild**kraft. Wie ein jedes Gedächtnis persönliches Gedächtnis ist, so ist alle Seele persönliche Seele. Seele verhält sich zu Leben nicht anders wie dein Leib zu den Körpern. Seele ist immer das persönliche Leben, und dein Leib ist immer der **bestimmte** Körper."

Aspasia: Du hast uns, Epikur, **Dämonen** kennen gelehrt. Das Wasser als Element der Seele. Die Flamme als den geistigen Gott. Den Äther als den allverknüpfenden Hauch. Die Erde als Mutter der Bilder. Warum grade die **Vier**? Warum nicht das Eine **in** der Vier?"

Epikur: „Wisse, meine Aspasia, dunkelsanftäugige, daß Alles, was wir tun und was immer wir reden, nichts ist als: Gleichnis.

Es gibt Lehrer, die sagen: ‚So **ist** es!' Es gibt Richter, die sagen: ‚Wir haben Recht!'

Wir aber, wir ehren nicht **einen** Glauben, sondern jeden Glauben. Wir achten nicht **ein** Recht, sondern jedes Recht.

Wir beten hinauf zu den Sternen und hinab zu den Grüften. Wir beten ins Wasser hinein und hinaus in den Wind. Wir wissen: Es sind Götter.

Wir ehren jegliches Bild jeglichen Volks. Denn Höheres **hat** kein Volk als seine Symbole. Die durch Wissenschaft Verdummten, die Abergläubigen der gedanklichen **Formel** nennen diese Gleichnisse: Lügen und Illusionen. Es sind Leerlaufende. Vernüchterte. Entseelte! Es sind Abgestorbene, Entrasste. Aus dem vollen Element ausgespien in das dünkelhafte Reich eines mordefrohen Geistes.

Aber wir verachten den Priester und den Bonzen! Wir sagen

Feindschaft an jeder Kirche, jeder Lehre, jedem Dogma. Unerbittlich bleibt, meine Schüler, gegen **jede** Schule! Doch vergeßt nicht, daß auch wohl einmal unter Purpur und Diademen, ja zuweilen sogar im Talar und im Priesterkleide das göttliche Herz pocht." ...

•

Im Eingang zur Höhle dämmerte, untermischt mit dem Lichte der Sterne, das kühle Morgengrau. Das blinde Mädchen war die erste, die in der Gruft das Nahen des Lichtes empfand. Denn sie war eine Pflanze in einem dunklen Keller, die ihre Hände immer zum Lichte hindrängt, und da sie kein Licht empfängt, selber immer heller und bleicher wird, indem sie das Licht aus sich selber nimmt.

„Wir wollen zurück", sprach der Meister, „in den Tag und in die Arbeit! Aber bevor wir gehn, laßt mich zusammenfassen die Erkenntnis von den **vier Dämonen**:

Vierfach sind die Naturen der Menschen, je nachdem einer der Dämonen herrscht. Der Eucholiker ist der Mensch der Luft. Der lustige Äther herrscht in ihm. Der Choleriker ist der Mensch der Flamme. Heiß und gierig greift er nach seinem Anbild. Der Menschlancholiker ist ein Mensch des Wassers. Denn Wasser ist Seele, und jede Seele birgt die Trauer der **Grenze**. Der Phlegmatiker aber wächst wie Erde und Stein: unbeeindruckbar, schwer beweglich.

Die Vierheit wird uns offenbar durch Gehör, Geschmack, Getast, Geruch und Gesicht. So wie Wasser zu Erde und wie Luft zum Feuer, so verhält sich in der Gehörsphäre das Milde zum Herben und das Scharfe zum Rohen. So: In der Sphäre des Geschmacks das Süße zum Sauren und das Salzige zum Bittern. So: in der Sphäre des Getastes das Streicheln zum Kitzel und das Jucken zum Brennen. So: In der Sphäre des Geruchs das Blumige zum Essiglichen und das Brenzlige zum Fauligen. So: In der Sphäre des Gesichts das Blaue zum Grünen und das Gelbe zum Roten. Vierfach ist die Wurzel des Lebens wie die Wurzel des Denkens. So versühnt einander: die zwiefach gespaltene Zweiheit." –

Er schwieg.

Nach einer Weile aber fuhr er fort:

„Jeder Sinn offenbart eine andere Wirklichkeit. Aber Jede ist tauglich zum Gleichnis für Jede.

Die Zeichen des Himmels sind prophetisch für die Schicksale auf Erden. Aber auch auf Erden ist zu lesen, was in Himmeln geschieht.

Dem Dämon des Wassers untertan sind die Dunkelmütigen, die im Tierkreiszeichen Krebs, Skorpion und Fische Geborenen.

Dem Dämon der Luft untertan sind die Hellmütigen, die im Tierkreiszeichen Zwillinge, Wage und Wassermann Geborenen.

Dem Dämon Erde untertan sind die Starrmütigen, die im Tierkreiszeichen Stier, Jungfrau und Steinbock Geborenen.

Dem Dämon Licht untertan sind die Flammmütigen, die im Tierkreiszeichen Widder, Löwe und Schütze Geborenen."

————————

Während der langen Nacht hatte das weiße Hündchen unter seiner wärmenden Decke im Körbchen der Lais geschlafen. Die Angst wie das Wunder dieser Nacht waren in seine bangdunkle Seele nur als Zug dumpfer Träume gedrungen. Nun gab sein Erwachen das Zeichen: „Der gewohnte Tag fordert euch alle zurück!"

Sie traten vor den schwarzen Teich! Sie blickten in das schwere Auge.

In dem Wasser sahen sie ihre eigenen Bilder dämmern. Und sie fühlten, daß sie emporgestiegen waren und losgelöst von der Mutter für einen wissenden Tag.

Trasyllos: „Ich möchte bleiben und nicht zurück."

Chloë: „Droben wirst du dein Bild wiederfinden: verkümmert, verstellt, vertrübt."

Epikur: „Es ist nur der kurze Augenblick, darin wir **wissen**, was wir nicht mehr sind. Dann kehren wir heim ins Ewige Nichts, wo jedem Wunsch jede Erfüllung gewiß ist."

Aspasia: „Ich werde wachsen als mütterlicher Baum. Als eine Buche oder eine Linde. In einem schattigen Tal, nahe bei Menschen."

Klearchos: „Unter den Wassern, in Leibern der Fische werde ich schaukeln. Wo an ferne Gestade die Brandung schlägt."

Diotima: „Ein Falke schweb' stolz ich im Ätherblau."

Lais: „Eine Sterneblume blüht, lockend den Schmetterling."

Eusebios: „Ich will wandern von Stern zu Stern."

Trasyllos: „Eine kleine Wolke zieht aus der Welt."

Epikur: „Willkommen sei jede Gestalt, in der wir einander wiederfinden. Aber keine wird uns je vergessen machen den Schmerz der Grenze."

Trasyllos: „Wählst du den Gott? den Menschen? den Stern?"

Epikur: „Niemals Wiederkehren sei unser Ziel, wenn die Schuld gesühnt ist."

Aspasia: „Wann ist die Schuld gesühnt?"

Epikur: „Wenn wir nicht mehr Geschlecht sind und nicht mehr Hand."

Chloë: „Nicht mehr Hand?"

Epikur: „Wenn wir reines Auge sind."

Trasyllos: „Wie werden wir reines Auge?"

Epikur: „Durch das Denken gerichtet gegen das Denken. Durch das Wollen gerichtet gegen das Wollen."

Chloë: „Zuletzt will die Liebe das Nichts."

Epikur: „Darum liebet euch!"

Trasyllos: „Und so müssen wir doch zurück?"

Diotima: „Ist denn noch irgend etwas wichtig nach dieser Nacht?"

Epikur: „Fortan ist Alles gleicherweis nichtig und wichtig."

Klearchos: „Und wieder die Not? Und wieder die Dummheit? Und wieder das Gemeine und wieder das Niederträchtige. Und die Eitelkeit. Ach! Dieser Narrenmarkt der Eitelkeiten?"

Epikur: „Und in allem die Lust des Krieges."

Eusebios: „Und Unendlichkeit auf zahllosen Wegen."

Epikur: „Wer die Erde durchwandeln wollte, der würde sich im Kreise bewegen. Er müßte zurückkommen zu demselben Flecke, von dem er ausging. Wer aber in einem bestimmten Punkte Wurzel schlägt und bis ins Tiefste geht, der gelangt von überallher in den **einen** Mittelpunkt. Da werden alle Dinge gleich schwer."

Da nahmen sie einander froh an den Händen und schritten mutig zurück in den Tag und in die Forderung seiner **Not**.

Schweigend traten sie aus der Höhle. Schweigend schritten sie den bekannten Pfad.

Der Sonnenwagen rollte über den Erdrand.

Das Hündlein umsprang sie. Als sie vom Hügel die Stadt erblickten mit Tempeln und Mauer, da sagte in plötzlicher Erleuchtung die Blinde:

„Meister, hast du nicht gemerkt, daß aus den Felsen Myriaden Hände sich streckten? Wen **suchten** sie?"

Epikur sagte ernst: „Deine Hand."

AUSKLANG

(1928)

... Und ich sah in einen tiefen Schlund,
Sah hinab bis in der Erde Grund,
Sah gereckt, gestreckt, geballt, gekrallt
Hände, Hände – jäh und ungestalt.

Blumenhände ... junger Stamm und Baum
Neulich drängen lichtwärts tief aus Traum,
Lippen saugen an der Sonne Strahl,
Quellen drängen schwellend aus der Qual.

Tiere: Pfoten, Tatzen, Pranken, Klaun,
Sehnsucht treibt sie aus der Urwelt Graun,
Alle krallen gierig sonnewärts –
Und es griff wie Beten an mein Herz.

Menschenhände: schwarz und weiß und braun,
Brünstig tastend: Männer, Kinder, Fraun,
Aus der Mutternacht des Abgrunds bricht
Stummer Hände Hungerschrei nach Licht.

Arme Hände, die wie Bettler sind,
Welche frierend stehn im Winterwind,
Frierend vor der Reichen Häusern stehn
Und in Sehnsucht durch die Ritzen spähn.

Schwere Hände, die gleich schweren Kühn
Auf dem Acker sich im Pfluge mühn,
Arbeitstreu im grauen Tagestun.
Bis der Bauer Tod sagt: „Magst nun ruhn!"

Frevle Hände, die polypenweich
Tasten aus der Tiefsee Totenreich,
Wen die quallig zähe Faser faßt,
Schlängert sie hinab in Mordmorast.

Spielerische Hände leicht und scharm,
Mütterliche Hände hegewarm,
Zweiflerische Hände ziep und kühl,
Betend heißer Hände Gottgewühl.

Schaudernd dacht' ich: Tod hat nichts gereift,
Einsam Jedes neu ins Leere greift!
Aber plötzlich ich den Ruf verstand:
Aller Toten Hand sucht **deine** Hand.

Aus dem Schlunde eine Kinderhand
Sah ich ragen, mir so wohlbekannt,
Suchst du, heimgekehrt ans treue Licht,
Deines Vaters wachend Angesicht?

Und ich fasse sie und halte fest,
Die auf Ewigkeit mich nimmer läßt.
Drücke mir im Tod die Augen zu,
Leite mich zur Mutter, Liebe du!

———————————

Inhalt